双球运动手册

——创新的"军球运动"

魏世冬　李绍章　著

金盾出版社

内 容 提 要

本书介绍了什么是双球运动，双球运动的形式、特点，双球运动的规则，双球运动的场地设施、竞赛办法等。

本书是一本创新的球类运动项目手册，可作为大专院校、军事院校开展体育教学及双球运动培训的指导教材。

图书在版编目(CIP)数据

双球运动手册：创新的“军球运动”/魏世冬，李绍章著．-- 北京：金盾出版社，2013.4

ISBN 978-7-5082-7144-6

Ⅰ.①双…　Ⅱ.①魏…②李…　Ⅲ.①球类运动—手册　Ⅳ.①G84-64

中国版本图书馆 CIP 数据核字(2011)第 170190 号

金盾出版社出版、总发行

北京太平路 5 号(地铁万寿路站往南)

邮政编码：100036　电话：68214039　83219215

传真：68276683　网址：www.jdcbs.cn

北京画中画印刷有限公司印刷、装订

各地新华书店经销

开本：880×1230 1/32　印张：3　彩页：8 页　字数：65 千字

2013 年 4 月第 1 版第 1 次印刷

印数：1～2 000 册　定价：10.00 元

体育百花园中的一朵奇葩

（代序）

我饶有兴趣地读完了《双球运动手册》，其原因有三：

首先，这部书体现出强烈的创新精神。它阐述了当代任何一项被世人认可的运动项目都是先辈创造、推广、改进的成果。世界在进化，各项运动也都在不断地注入新的技术、新的观念，新运动规则也就在不断推出。它呼吁当我们赞叹新运动层出不穷时，可以想想今天的我们是否也能参与新运动的创造。“双球运动”是作者独立自主开发、具有知识产权的全新创意竞技运动，它在传统球类运动基础上开辟了一个创新发展平台，给人耳目一新的感受。由此我亦想到，无论在什么领域，只有创新才能出成果，才能对人类和社会做出可能的、应有的贡献。

其次，这部书使我首次看到了一项新鲜的重要红色抗战文物——《军球规则》，也使我联想到张之槐等体育界的老前辈。对张之槐我曾有一面之缘，那是1960年我刚考入北京四中读初中不久，赶上了第26届世界乒乓球锦标赛在北京举行。一天放学后，在军委办公厅工作的父亲对我说：“今天三座门有个国家乒乓球队的表演，你若想看，可跟我一块儿去。”我求之不得地立即跟他出了门。一间非常宽敞的铺着柚木地板的大厅，环座坐满许多经常能在报纸和新闻纪录片中见到的老首长。听大人们说，其中有军委办公会议的萧华、杨成武、张爱萍、萧向荣等，以及来京开会的各大军区司令员杨得志、陈锡联、许世友、韩先楚、秦基伟等。

那天他们都身着便衣，兴致勃勃地谈笑风生。体育表演由当时的总政文化部副部长李伟主持。他对国家乒乓球队的到来表示欢迎后，就由国家体委的张之槐司长一一介绍了庄则栋、容国团、邱钟惠、李富荣、徐寅生、王传耀、孙梅英、王家声、张燮林等。当介绍到不少人以为有些“过景”的容国团时，掌声格外热烈，这说明大家对曾经为国家争得过荣誉、做出过贡献的杰出人才，都是铭记在心的。张之槐和黄烈两位延安抗战“军球”运动的发明人都是建国以后体育界元老级的人物，他们在建国后第一位体委主任贺龙元帅的领导下，为新中国体育事业的兴盛发挥了重要的作用。

再次，这部书的两位作者都是我的校友、战友。魏世冬是我在北京师大附中读高中时的初中校友，他使我回想起自己难忘的青春岁月。一般人或许不知道——毛泽东主席曾专门为一所中学题写过校名，这就是北京师范大学附属中学。它有极其丰厚的革命传统和文化传统，出过赵世炎等杰出的老一辈无产阶级革命家，钱学森等著名科学家和三十几位院士，李德伦、于是之等著名艺术家。学校不仅学习空气和政治空气都非常浓，各方面成绩斐然，而且品德教育、体育、文娱活动、校园文化建设也卓有成效。那时我们学到的东西，尽管有不同程度的时代烙印，也有一知半解的“夹生饭”，但文化科学知识是永恒的。每天课后，同学们都到操场上锻练，酷暑寒冬均如此。学校定期举办歌咏比赛和文艺演出，文娱活动搞得红红火火。这些活动不仅丰富了校园的文化生活，而且陶冶了同学们的情操，使大家从小懂得什么是美，如何发现美、欣赏美、创造美。同学们像一块掉进深潭中的海绵，在知识的浪尖上起伏……在课堂上以及课余时间，都贪婪地吸收着来自各方面的营养。我至今特别怀念那段峥嵘岁月。

在我印象中，师大附中的很多校友都颇具想象力，颇富创造力，充满了对未知的广阔世界的好奇心。魏世冬亦如此。这样的想象力，思维的广阔、独特，是一个独立自主的、自由创造的人所必须具备的思维品质和精神素质。人年轻时，多有一种不甘平庸、欲成大器的雄心。然而随着时光的流逝，才知最后不得不因客观或主观的原因而"满足"于平凡，满足于当大海里的一滴水，高山上的一颗石子。当这"一滴水"、"一颗石子"自然同样也极有意义，但更值得庆幸的是，这种品质和素质在魏世冬后来的人生旅途中得到了很好的开发，双球运动的研发就是一个证明。

我和李绍章曾在总后宣传部一起工作过，他是从青藏兵站部演出队调入总后机关的，后来，他到总后文化工作站担任站长。凭着很高的政治素质和丰富的文化工作经验，他在接触到"双球运动"后，即敏锐地发现这一具有现代军事特点的运动在部队推广开展的意义，为此，他积极向上级领导请示，成立了"军营双球项目研究组"，经过一年多的深入研究、探索并经军事交通学院的试点，不仅制订了竞赛规则，录制了光盘，充实完善了本书的内容，也使双球运动从理论走向了实践。

祝愿"双球运动"在各方面的支持协助下，能越来越发展，越来越成熟，像一朵奇葩盛开在体育的百花园。

咏　慷

2013年2月1日

目　录

一、概　述

“双球运动”？什么是双球？哪里见过双球？这是种什么样的运动？

看到这本小册子名字的人都会有这样的想法。请您不要着急，只要花点时间读读这本小册子，就会了解个大概了。也许您还会从中受到某种启发，共同参与到开发、创新这项运动当中来呢！

确实，在此之前，谁也没有看见过“双球运动”，然而，创新正是从无到有的过程，尤其是在这个发生深刻变革的时代，历史的脚步也一再证明了，路都是由人走出来的。

当2008年第29届奥运会在北京成功举办时，人们把赞赏的目光投向1888年提出现代奥运倡议的法国人顾拜旦；当世人为现代足球运动而激动时，人们把荣誉送给1848年创造现代足球规则——《剑桥大学足球规例》的英国大学生。当代任何一项被世人认可的运动项目都是先辈创造、推广、改进的成果。世界在进化，各项运动也都在不断地注入新的技术、新的观念，新运动规则也就在不断推出。当我们赞叹新运动曾出不穷时，可以想想今天的我们是否也能参与新运动的创造。

双球运动现在还只是一个孕育中的胎儿，是一项构建了框架的创意，但是，在不远的将来，相信双球比赛就会在运动场出现直至到处展开。也许今后你走到某个城市，会看到首届双球邀请赛即将开幕；也许在21世纪20年代，第一届双球世界杯举办的消息就要在中国正式发布。当双球运动终于成为众人喜爱、机构推广、政府支持、企业投资的有影响力的球类竞技运动时，你是否可以自豪的宣布：我参加了创造双球！

二、什么是双球运动

所谓双球运动，就是在同一运动场所（足球场）内有2个球同场竞技的运动。

双球竞赛，即在同一比赛时间段，同场竞技的两支球队，各持一球，同时向对方球门进攻并得分的球类运动。

综观各种球类比赛，有单个球竞赛的形式（篮球、足球、橄榄球、排球、手球、水球、冰球、乒乓球等），即2队或2人竞争同一个球的比赛；也有每个人一个球（高尔夫球）或多个球（台球）竞赛的形式，即球手分别击打自己的球同场表现球技的比赛。但至今尚未发现有2个球同场对攻的正式竞技比赛（双球扣篮等技巧表演或杂技娱乐形式除外）。

用现代人的观念来评价当代最有影响力的足球运动，我们发现随着技术规则的完善，比赛过程却越来越乏味。按照管理学资源利用与整合的观点分析，现代足球的球员使用率、球场面积利用率、单场比赛进球率、比赛过程的趣味性都呈让人不甚满意的下滑趋势。现有足球的场地、设施、球员技术和裁判规则都存在改进的机会。而中国足球近几年发生的种种不正常现状也说明，足球运动在中国还没有走上管理的正轨，更何谈对现代足球运动进行体制、规则的深入改革。

我们不妨展开新的思路，即用革命性变革来解决足球运动存在的诸多难题。我们期望创造一种能实现“全员参与、公平竞争、资源共享、激发智慧”目标的新运动。

球类运动的核心是进球，所有球员的机会都在这个球上。如果赛场上增加一个球，单球运动成为“双球运动”，就会在同样的时间里给比赛增加一倍以上的进球机会。同理，如果进攻的目标不是一个球门，而是2个、3个球门，则进攻得分的概率就会成倍增加。与单球相比，双球运动的进攻与得分机会将成数倍增加。进球环境、进攻组织、球员技术也比单球运动更加复杂，球员能力与智慧就会有更广阔的发挥空间。对攻守技术、场地设施、裁判原则、转播技术都带来新的挑战和机遇。

多项运动空间足够大的球类运动都存在进行双球变革的可能性，如足球、水球、手球、橄榄球等。但足球是双球运动的最佳突破口，所以本书的双球规则仅以足球运动为例说明。

三、双球运动的形式和特点

（一）当代足球存在的缺陷

1.一场比赛进球数量少。当全场数万名观众群情激昂地观看了90分钟比赛后，往往会没有一个进球：0比0，让人大失所望。当防守技术的完善与进攻手段的缺乏相匹配时，球队更加关注胜负而不是进攻，不进球“保平安”已经是越来越现实的选择。

2.球员表现机会少。由于一个进球往往就决定球队的命运，比赛的胜负越来越取决于少数骨干球员。11人的场上球员，至少一半球员没有表演机会。每个核心队员平均触球控球时间不到数分钟，非核心队员的触球机会不过数十秒。而有的板凳队员全年几乎都没有上场机会。很多“天才”球员，都曾经是长期的板凳队员，在偶然替补上场后有了难得的进球，其潜能才被发现。

3.攻防战术缺乏创造的空间。裁判规则越来越严格，队员场上的表演受到规则的束缚，技术战术都无法充分表演。非比赛因素导致的比赛断点过多，人为造越位等使得比赛中断时间越来越无法控制。比赛激烈程度与趣味性下降。

4.球场暴力增加，球员道德变坏。赌球和假球层出不穷；假摔、不道德的隐蔽犯规、出工不出力、甚至斗殴罢赛，对道德阴暗环节缺失控制等，正成为难以克服的运动顽症。

5.裁判权力过度滥用，缺少对裁判公正性的制约。比赛过程与结果与当场裁判的个人执法水准关联度太高，裁判争议往往成为影响比赛正常进行和酿造球场悲剧的原因之一，其影响的严重程度事后往往很难补偿。

6.先进技术手段不能及时充分采用。当现场转播回放、电子眼等先进技术已经清楚证实现场裁决的失误，现有规则也不容许对不公正误判进行补偿。虽然国际足联表示在下一届世界杯中将尽可能采用电子眼设施补充裁判手段，但近期现状仍然不会改变。

凡此种种，不一而足。这些美中不足已为广大足球界人士和球迷感同身受，并引起对球员道德与赛场文化的质疑，成为阻碍足球事业健康发展的痼疾。

为了让足球更好玩、更好看，出路在于创造新的规则。21世纪的新技术、新思想、新理念催生了这种变革，“双球运动”使得每个热爱足球创新的人都有机会参与到这个变革中来。

（二）双球运动的十项核心技术原则

1.黑白双球、天地双门原则

（1）球场上2队，分别按照本方球门的颜色命名为黑队与白队（或蓝队与红队）；场上共有黑色与白色2枚足球，黑队执黑球，白队执白球。两队开球时，双方各自13名球员站位在本方半场，各自守门员从本队球门同时开球。两球相向运动，跨越中线后，向对方球门展开进攻。球的形制与足球相同，只是颜色上有双色的规定。

（2）球场两端球门线上均设有天门与地门，黑队的球门颜色为黑色，白队的球门为白色。“地门”即是原有足球场地的球门，“天门”是类似篮球网的圆环网袋，天门网袋的高度不低于现有足球球门上横梁以上0.5米，网袋圆环直径不小于比赛用球球径的3倍。天门篮网圆环最外端与球场底线平行的位置可以设置篮板（附图中为不设置篮板的天门形式），碰触篮板而未入网袋的球弹回场内，可以继续进行比赛。

（3）天门篮网的圆形网圈平面分别为“平行地面”（类似放大直径的篮球球网）与“垂直地面”（类似于在篮板平面上掏空，形成的圆形球门）两种形制。分别需要使用空中射门和垂直吊门两种射门技术。

（4）天门篮网在球门底线的布置位置可以有2种方式（参见P44、45 图4、图5）：

一是单天门设置：单个天门设置在现有球门上方，设置一个水平圆形篮网，篮网中垂线（点）延长后与球场端线相交。该种天门需要使用垂直吊门的射门技术。

二是双天门设置：两个天门分别设置在球门两侧的球门线上，这种设置可以使天球有左、右两个进攻点，针对两侧不同的天门形制，对应使用空中射门和垂直吊门两种射门技术。

（4）双球场地与现有足球标准场地大小一致，场内施划的规则线亦相同。为避免干扰守门员对地门的防守，设置天球禁区。原球门大禁区线与小禁区线均为天球禁区线。使用同色球进攻对方天门的攻方队员，在对方大禁区内禁止起脚射天门（大禁区禁射，禁射区域实际上是大小禁区中间的凹形地带）；在对方小禁区内禁止攻方队员触碰同色球（小禁区禁触，即当天球整个球体滚入小禁区内，攻方队员则失去触球权）。

（5）将对方的球堵截回对方半场，并向同色天门进攻的球，称为“天球”。天球可以传递穿越天门小禁区，攻方队员也可以盘带天球通过天门大禁区。对方球员进攻天门时，只能在天球禁区线以外的位置施射，攻方队员在天球禁区内使用同色球实施射门视为犯规。使用天球对地门的干扰性射门也视为犯规。天门位置在球门框高度以上或球门两侧，所以天门区域不是守门员的防御区域。守门员负责防守中间的地门，其他队员防守对于天门的进攻。与现代足球规则一致，双球的攻防（除守门员外）均不得使用肩手部位。

（6）日常训练，在现有球门上方放置一个呼拉圈，即可以作为简易天门。在正式比赛中，可以选择单个天门中央设置，也可以采用不同天门左右配置，或者采用上下半场天门变化配置。每场比赛之前由赛事组织方确定并公布本次比赛天门设置规则。

2.鼓励进球原则

每场比赛分为上下半场，每半场各有2小节。半场中间休息15分钟。全场4小节，每小节25分钟，1、2小节与3、4小节中间各休息5分钟。

黑队的本色球为黑色、所在球门为黑门；白队的本色球为白色、所在球门为白门。半场中间休息时双方交换场地，则黑队白队位置角色互换。

球与球门同色，球进天门得2分。球与球门异色，球进地门得1分。

当场上为双球制时，本色球只能进本色天门，可得2分。异色球只能进异色地门，可得1分。

当场上为单球制时，无论球为何种颜色，进任何一方天门均为2分；进任一方地门，均得1分。

不合规则的进球为无效进球，不计分。

3.双球单球赛制转换原则

（1）当场上同一时间段有2个球参赛时为双球赛制，当场上同时段只有一个球时，为单球赛制。单双球赛制在一定条件下可以进行转换。不同赛制，由现场裁判给出明确的信号（也可以采用其他技术手段显示赛制，如双球赛制时，天门亮信号灯；当现场为单球赛制时，天门不亮信号灯）。

（2）允许赛制转换的两种情况

第一种情况：比赛开始后，当球被裁判判为界内死球时，应根据裁判的口令及时发球。当一球被裁判判为界外死球且另一球处于正常比赛状态时，有球权的一方可以选择暂停发界外球，场上变为单球赛制。该发边线球的队员在裁判员吹哨开球后6秒内没有发球，将球稳妥的放置在边线界外的地面上，然后该球员进入场内参加比赛，3分钟后拥有该球权的球队可在界外原位置恢复发球，赛制转回双球赛制。

第二种情况：对方先射失的天球，防守一方可以获得发球权，若防守一方的守门员（或守方后卫）拿起球后6秒内不发出球，将其搁置在底线外端，则属于放弃发球，进入单球赛制。即对方天球射失，防守方有权放弃发球，选择单球赛制。该球停止三分钟后，防守方应及时发球门球或底线界外球，恢复双球赛制。

（3）每队在每一小节连续比赛时间内各有1次使用单球赛制的机会。本小节赛时结束，则本小节尚未使用的转换权作废。

（4）只有在双球赛制时间段内，有球权的一方才能选择放弃发球权。在单球赛制时间段内，正在比赛的单球不容许再放弃发球权导致比赛中断。

4.全员参与原则

（1）每队球员报名人数为21人，包括13名场上队员（其中1人为守门员）和8名候场队员。全体队员均必须轮换上场比赛。

（2）换人规则：各队自主换人，换人不停赛。每次换人1～3人。

（3）换人过程：每队场边设置换人区，换人区内设置3个等待座位。只有有队员坐在该位置等候上场时，场上队员方可下场进入换人区内，对应数量的等候队员站起，与下场队员击掌，交换位置。上场队员进入赛场即可参加比赛，下场队员应先在等候座位坐下，待换场秩序稳定后方可离开。

（4）每小节轮换的队员数量可以不同，换人不能超出赛前提供给组委会并通过审核的本队21人大名单，已换下场的队员可以重复上场。

5.公平竞赛原则

（1）双球赛场现场共设置6名裁判：设置2名场内主裁，各自负责黑白两球，进行定球跟踪裁判。设置4名边裁，在球场2条长边线外，分工负责4个等分区域内的判裁。当双球进入同一区域时，边裁采取先入先跟，后入跟随的方式相互配合辅助裁判。

（2）现场裁判与场外技术裁判组录像评判相结合，场外技术裁判组由3人组成，负责借助电视录像回放等技术手段，采用打分表决制，对场上裁判的技术水准和公正性、准确性进行统计和补充裁判。对于技术裁判小组有充分录像证据证实的误判，允许在赛事终场前告知场内裁判进行纠正。对于场内主裁认为处罚依据不充分的裁决，允许该裁判及时判决球权的归属，保障比赛的连续，而暂缓宣布对球员的判罚，场外技术组应及时根据主裁的申请，对其进行技术支持，待终场前告知准确的判决结果。

（3）实行裁判年度绩效积分制，以加强判罚的科学性和比赛结果的公正性，减少裁判误判，保护公平竞争。

（4）双球赛事的处罚计分：口头警告——1分，一般犯规——2分，黄牌警示——3分，红牌离场——6分。对于拥有球权的受罚人同时失去控球权。对于获两张黄牌或一次红牌离场处罚的球员，应离开赛场8分钟，坐在本方待上场座席反思。反思8分钟后可以重新上场。若处罚时段跨越两个小节，处罚时间连续计算。若同一球员第二次被判罚红牌，离场反思后不得再次进场。

（5）双球呈胶着状态的时段，对于先判定死球的场内球，如不具备立即开球的条件时，容许该球暂缓开球。即由负责该球的场内主裁以明确的手势表示该球的暂停状态，并由裁判有效控制该球，不使其对在赛的另一球进行干扰。除判定离场处罚的队员将暂停比赛外，其余球员可以自行决定各自的位置与行为（原地等待或参加另外在赛球的比赛）。待另一球稳定运行至本球开球必要区域以外时，有球权一方的球员，按照裁判指令重新开球。

（6）取消赛程中间的点球判罚，全场赛时结束前，增加终场判罚。即在终场前设置专门时间，由主裁宣布本场综合评判以后的补充裁判结果。一是宣布过程中裁判延缓宣布的判罚结论，二是对场外技术组发现并确认的漏判、误判、错判进行纠正。补充判罚分数设置为本场累积分数。如该队被补充处罚的分数达到规定的数值时，受罚的对手队可以获得终场补偿罚球。如某队终场补充处罚计分累计达到7分时，对手方可以获得补偿罚吊天门一次；该场赛事负计分累计达到9分时，对手方可以获得补偿罚地门点球一次。

（7）更加宽松的双球越位条款

第一，双球赛制期间，不设置越位条款。第二，当比赛处于单球赛制期间，恢复设置越位规则，但修改为：当攻方队员所在位置比多于一个的防守队员更接近底线时，是否越位，取决于当其参与进攻的起点位置是否超过对方（除守门员以外距离底线最近）防守队员构成的越位连线“一个完整身形”，若边线裁判未能清晰看到该进攻队员的完整身形，而是与防守队员的身形有重合的部分，则属于合规进攻。此规则的修改将挽救传统足球中多数被判为越位而存有争议的越位进球，使进攻更为流畅。

6.现场战术指挥原则

(1)加强现场战术指导与指挥，限制教练在场边使用语言呼喊，但增加现场指挥技术装备和手段，按照赛事规定配置的装备和规定的方式进行现场战术指挥与调整。

(2)如每队配备规定形制的锣鼓各一面。各队教练可以使用鸣鼓鸣金进行现场指挥，场边教练席旁边设置固定的一锣一鼓位置，2名助理教练可为执锣执鼓人。

(3)各队按照本队约定的鼓点或锣音表示进攻与防守意图，如用锣音表示对进攻球的指令，用鼓声表示防守球的行动指令；紧促声表示加快进攻，舒缓声表示稳定防守；两声表示放弃发球，三声表示换人等。

(4)两队配发的锣鼓声音频率应有较明显的区别，以保障各队队员对本队锣鼓声音的识别。各队自行配制的锣鼓亦应符合赛事组织的要求。赛事组织应禁止现场观众使用与球队锣鼓声音频率相混淆的设备进行助威。

7.绩效管理原则

设立专门的统计评价机制，对运动员、教练员、裁判员设置跟踪绩效评价指标，按照全年的场上表演、执法执教与场外学习培训的表现累积计分。鼓励职业化的公平竞赛，减少非道德的短期行为。也为各俱乐部市场化使用和培养专业人员提供技术数据。

(1)运动员职业积分

双球运动员职业积分包括2个方面指标，即运动员素质评价指标和赛事评价指标。

A）运动员素质评价指标

运动员素质评价指标包括以下三个方面：

a）身体素质指标（如年龄、身高、体重、心脏、脉搏、骨骼、肌肉、臂力、奔跑、摸高、弹跳等）。

b）运动素质指标（如带球、射门、运球、传球、抢球、颠球、技巧等）。

c）培训经历指标（如普通学历、专业学历、境内外培训等）。

素质评价指标分别按照a/b/c/d/e五个等级进行评价，评价指标由双球运动技术委员会负责制定，根据相关培训教育机构出具的合格证书及相关证明资料，或本机构测试评价结果进行评价。如一个运动员的素质评价分值为BCD，则说明其身体素质指标B、业务素质指标C、培训经历指标D。各级双球运动俱乐部将自行制定录取或聘用运动员的合格级别限制。但初级运动员获得注册的前提是必须获得基本素质评价分值。

B）运动员赛事评价指标

一场比赛中每个运动员都在不停的运动与静止的转换之中。运动会产生位置的变化。如果是进攻，那么积极的运动就是在进攻中吸引对方的防守力量或是占据有利的进攻位置；在防守时及时调整位置以有效或有利于阻止对方的进攻。无效的运动不会对进攻或防守产生有利的影响。所以应该建立一些评价的指标对每个运动员在赛场上的运动过程进行统计评价。这些指标构成一个完成的评价系统，可以表征运动员多方面的特质和运动的成绩。公正完整地记录他的运动生命，也便于球队对运动员的评价与选择使用，运动员转让市场有更充分的市场信息和选择的透明性。

运动员赛事评价指标分为两个方面：

a）触球表现：射门、进球、运球、过人、抢断、角球、发球（角球、边线球、任意球、点球）、触球道德。触球表现分为正分，分数越高表示能力表现越好。

b）无球表现：站位、跑位、进攻与防守队形的保持、跑动时间、响应时间、无球道德。无球表现分为正分，分数越高表示能力表现越好；

其中的道德表现指犯规、失误、警告、与队友的呼应、与对方队员的有球无球接触、对待误判挑衅的反应、对裁判、教练、领队、队友、观众、记者的态度（不当表现、友好表现）等。道德表现分为正分与负分，积极方面得正分，消极与处罚方面得负分，分别统计互不抵消。

赛事评价指标评分由双球运动技术委员会认可的技术裁判组负责，每场正式赛事结束后及时评价并公布。技术裁判组结合全场录像和场上实际观察进行，独立打分与研讨相结合，最终正式结果以小组的名义发布。

每场正规比赛分数进行累计。按照每年参赛场次形成年度积分，定期发布，逐年纪录。

如：2012/400（285–30、155–10）/18，表示该运动员在2012年场上评价指标共计得分400分。其中触球表现285分、负面处罚得分–30分；无球表现155分、负面处罚得分–10分；年度累计参加比赛18场。

（2）裁判员职业积分

裁判员职业积分包括培训与执业两部分。执业积分主要依据每场比赛的场外技术裁判组公布的技术统计和补充判罚结果，作为裁判员执业数据。正面评价得正分，可以认定的误判以及有效投诉将折合为对裁判执业能力的扣减负分。

裁判升降级除了参考资格与培训考核成绩外，还要依据每年的执业积分分数。每位裁判拥有一定的（如12分）裁判执业年度基本分。当年度执业积分被扣减负分数抵消时，该位裁判将被停止一个年度的裁判资格。每次比赛之前的裁判选择将按照职业积分排名，从高到低、同级抽签的原则进行选聘。

（3）评价结果争议的解决

不服双球运动评价结果可以向双球运动公平竞赛小组进行一次申诉，该小组具有独立监督、对评价过程资料独立调查并修改相关结论的权利。

公平竞赛小组的结论为最终结论，不再接受复审申请。

公平竞赛小组的成员由若干名有经验、有能力、可信任的人士组成，可自荐亦可推选，经运动员代表、教练员代表、裁判员代表和俱乐部代表各推出若干选举人共同投票选出，过半数票有效票多者当选，有规定的任期期限。

8.采用先进技术原则

由于比赛规则的创新，比赛场地的变化（天门与地门、换人等待区、天门禁区）、比赛设施的变化（黑白双球、指挥锣鼓的配置、计分显示与统计）、裁判与记分方式的变化（两主裁哨音的区别及裁判指令的改革、场内裁判与场外技术组的信息沟通、赛场数据统计软件与显示设备、运动员裁判员绩效积分的记录统计），运动节奏加快和评判复杂性增加，也给双球跟踪、多屏显示、双球解说等赛场运动设施、装备、技术提供方带来新的挑战和机遇，双球运动将鼓励优先采用在相关运动项目中已验证有效的电子技术成果，更大程度的促进新运动的完善与可观赏性。双球运动将是各项新技术成果展示与应用的广阔天地。

9.比赛结果难以预测性原则

比较传统规则而言，由于双球同时在场，每一方可能都有二至三门（一个地门，左右各一个天门）设置，进球目标、射门机会与进球效率大大提高。每个队员都要上场，换人数增加且不停赛，使得影响比分的正向因素大大增加，对最终结果的影响因素成倍增加，比赛结果难以预测，这从根本上扭转了依靠几个关键球员即可控制比赛结果的局面。双球规则可以有效抑制假球和控制赌球，增加了彩票发行的公正性，可以有效提高观众参与的吸引力。

10.娱乐原则

可以体现两军对阵、金鼓齐鸣、旌旗招展、对垒厮杀的气势（开场规则是双球各自从己方同时开球，四场次设计，每场25分钟，中间有2次5分钟场间休息和一次15分钟换场休息）。可以在休息时段增加现场表演、观众互动及彩票抽奖等活动。

为了增强现场的娱乐性与战术的变换不定，双方天门的位置在每个小节可以自行变换。即在球门左右2种形式的天门位置可以互换。因为天门的2种形式需要不同的射门技术，对于双方左右路进攻的人员配置、进攻路线都会产生不同的影响，不但会影响赛事的结果，也会增加观众对比赛的期待与过程的娱乐性。

以上为10项双球变革核心原则，其它技术与规则仍然采用2004年奥运会足球技术委员会公布的规则，即除了根据10项核心技术规则引发的变革外，其他仍以国际足球规则为准。对熟悉原有足球运动的人来说，很容易就会了解双球规则。

双球运动的核心技术规则，是本运动项目的核心基础价值。

(三)双球运动的组织管理

双球运动初创阶段可以“运动宣传”的名义开展活动，进行赛事的规则制定、信息发布、报名组织、媒体协调、经营运作。通过培训、试赛、首场公开表演赛，逐步创造双球运动蓬勃展开的条件与环境。当有四个以上的准双球俱乐部正常运转两年时间以后，逐步过渡自愿组成“双球运动联盟”。

双球联盟的组织形式可以由俱乐部机构发起，也可以由民间人士自主发起，各双球俱乐部自愿加入。重要事项及成员的增减，由2年一届的代表大会投票决定。

联盟成员包括注册运动员，都有承认章程、遵守规则、参与发展、缴纳费用、推广赛事、公平竞技、共享收益的权利与义务。

双球运动联盟可以设立秘书处作为常设办事机构，负责俱乐部工作协调及运动商务，也可以设立以下若干工作委员会。

技术委员会：负责规则制定、技术培训、公平竞赛事务。

组织委员会：负责运动员、教练员、裁判员注册、转会与日常管理事务。

运动委员会：负责赛事组织、现场管理、评价计分等事务。

各双球俱乐部聘用的球员应是注册球员，双球球员注册与培训由技术委员会负责。注册后的双球球员归组织委员会管理。

由于双球球员参加更加激烈和频繁的双球赛事锻炼，技术战术会更加丰富，心理上会更加自信。足球运动的球员自愿参加培训并通过考核即可以满足双球运动注册要求。

四、双球运动与“军球运动”

（一）“双球”运动的军事特点

从军事战争的角度看，“双球”运动更像是“军球”运动。双方对攻，如同实力相当的红军与蓝军展开战事。双球场地设置了天门与地门，增加了进攻点。如同军事战争中既有地面进攻的武器，也有空中支援的火炮或导弹，双方在进攻的组织时，必须同时安排防守，不要让自己的城池被炮火击中。

当代的足球运动只有争到唯一的球，才能展开进攻。双球运动场上两队各持一球。你进攻对方的同时，对方也会向你展开进攻。在本方阵地防守住对方进攻的同时，可以在对方阵地将自己的球攻入对方球门。甚至在对方的防守半场，本方球在攻入对方地门获得2分的同时，还可以夺下对方的球，采用空中射门或吊球的脚法，攻入对方的天门再得1分。天门射球与吊球技术就像低空导弹及天空垂直下落的空中导弹，甚至会出现“球球相撞”的“反导”技术场面，而具备低空射门、空中射门、空中吊球、神射手等独特精确打击技术的球员更会得到大显身手的机会。

特别是双方天门在底线有三个可选位置，每个小节开赛前该位置允许进行变化，这样意味着进攻天门的路线可能是中间，也可能在左路或是右路，攻防方向的变化必然会使队伍技战术进行相应的调整。

随时应对三个战斗任务：进攻、防守与机动支援。

全队13名队员，要根据球员各自的特点，分成3个小组：进攻组、防守组与支援组。每个组如何分配力量，各采用什么战术， 本阶段重点进攻还是重点防守，不但凭技术发挥更要凭战术配合。队伍可以选择前攻后防、左攻右防、多波次攻防、运动中变阵等多种战术进行布置，这对战斗员与指挥员都提出了更高的技战术素养要求。

而限制每个队员在场上的最短时间不少于10分钟，采用随时不停赛换人制，使得名单中全体队员都得到上场机会，减少了仅仅依赖几个重点队员，当个别队员出现状况，就将大大影响赛事的被动局面。这也体现了“人人都是战斗员”的军事实战要求，每个场上队员的体力、技术、智慧都将得到充分展示，每节比赛更像一场激烈残酷的战斗，为战术设计的发挥提供了无穷的变化空间。

（二）双球运动是军事体育的发展与创新

双球运动还为展示发扬传统军事思想提供了一个新的平台。我国春秋时期著名的军事著作《孙子兵法》中提出的“避实就虚”、“知己知彼，百战不殆”、“以正合，以奇胜”、“识众寡之用者胜”等重要的战略思想，都将对双球赛事的指挥者有鲜明的指导意义。而古代战例“围魏救赵”、“围点打援”、“田忌赛马”更是球赛实战中可以采用的战术参考。

据历史文献记载，中国唐朝的马球、宋朝的蹴鞠运动都应属于当时的军事体育运动性质，因为当时在宫中的表演都是皇宫卫队进行的。

国防大学任海泉将军主编《外军院校教育研究》介绍，世界各国军队院校都非常重视军事体育在军队教育系统中的特殊作用。1919 年 6 月，第一次世界大战名将麦克阿瑟就任美国西点军校第 30 任校长。麦克阿瑟认识到，体育运动对于现代军官的培养具有极其重要的作用，体育训练可以培养军人坚韧不拔的精神、自我控制能力和坚决勇敢、机智灵敏的性格。它不是可有可无的，而是必不可少的，必须强制性地在军校大力开展体育运动。他为西点军校体育运动提出一句响亮的口号:“今天，在友好竞赛的场地上播下种子；明天，在战场上收获胜利的果实。”现在这句名言就镌刻在西点军校体育馆大门的上方，昭示着西点军校的体育精神。

西点军校以“责任、荣誉、国家”为校训，而体育运动则是学员责任感、荣誉感、国家意识和团队精神的重要来源。西点军校以培养领导者为己任，而在赢得比赛的过程中，他们有了决策、谋划、遵守规则、影响他人等各种领导力的实际体验。西点军校以培养打胜未来战争的指挥员为根本目标，而激烈的体育比赛是战争的最好模拟，运动场与战场只有一步之遥。

西点军校体育运动的座右铭是：“每个学员都是运动员，每个运动员都要奋力拼搏。”西点体育是其生命力、凝聚力和战斗力的源泉，足可见“体育是大学文化的有机组成部分”。

据原解放军体育学院院长张训才将军的文章介绍：我军军事体育作为教育训练和政治工作的重要组成部分，伴随着我军已走过80多年的历程。不论是战争年代还是和平时期，军事体育对于鼓舞部队士气、增强官兵体质，全面提高战斗力，都发挥了重要的作用。在井冈山根据地，红军的战事十分频繁，生活十分艰苦。为了适应当时山地游击作战的需要，毛泽东、朱德等领导同志就十分注重根据地军事体育训练的开展。当时已经把篮球排球等体育活动作为军事训练的重要内容。

红色体育是苏区文化教育的重要组成部分，由中华苏维埃共和国人民委员会下属的教育人民委员部领导。红军学校以及“学生队”、“教导队”负责培养包括掌握体育技能在内的军事指挥人才。苏区教育部门还编制并发表了较为规范统一的军事体育教材，如《田径教学法》和各种《赤色体育规则》等，明确提出了体育训练的内容与任务。

在今天的多极世界，中国军队的视野已经放眼在整个世界，如果能够由我国自主开发推广一种独特的军球运动，创新过程本身就会是一件有积极意义的重要活动， 也会在世界各国军事外交方面建立一个全新的平台，使我军在国际体育交流领域处于更为灵活主动的地位。

"双球运动"具有更强的现代军事特点，更多依靠的是战阵战术变化，以弱胜强、以少胜多、出奇制胜的战例将不断上演。在军校学员锻炼身体体能的同时，还可以进行战术理论的学习及战术战例的演练。有利于锻炼学员在对抗中培养勇敢、顽强、机智的战斗精神，增强机动应变、实战指挥、配合作战的战斗素质。我国人民军队几代优秀指挥员创造的一系列优秀的战略战术思想及优秀战例也可以在双球竞赛中得到演示、运用与发挥。

（三）解放军原华北军区《军球规则》

1. 原华北军区《军球规则》的发现

2004年在太原南宫收藏市场，笔者发现了一本由中国人民解放军原华北军区政治部印制的小册子，名称为《军球规则》，是解放军军事体育内部资料，小64开本，繁体字铅字竖排（钤印红色篆书"赵春杰印"）。

小册子记载的比赛方式介于篮球、足球与手球运动的混合。如"开始比赛，两中锋面对面站在中圈中间，评判员将球从两中锋中间向上扔起（如篮球之跳球），同时吹哨，两中锋尽力跳起将球打给本队的队员，比赛就开始了。""得球的一队用传递、扔抛、拍打、在地上滚动、拍球奔跑或将球扔起不等球落地就踢出去等方法，向对方球门区域进攻。至罚球区域线外可以用踢、扔等方法向球门内射球，但不得越过罚球区域线，如果球从球门中射入，攻队得一分。”

这充分说明中国人民解放军某部曾经研究并颁布过“军队球类运动规则”。21世纪的今天，虽然没有发现军球运动延续和全面推广的证据，但仅从这本小册子的内容看，也说明我军体育建设历程中对《军球》项目开展过实质性的研究与推广工作，这也是军队竞技体育运动创新的一个实例。

双球球场更接近于两军对垒拼杀的战场，双球运动项目适合作为“军球”运动在军事院校、部队推广开展。因为华北军区《军球规则》也属于“单球”运动，所以本文中的“双球”运动被称之为创新的“复式军球”，“复式军球”是一项团体对抗项目，而且双球运动的激烈性、观赏性与全员参与性更优于足球，适合体现部队战士的英雄气概，也适合军事单位之间的体育运动交流。

五、双球运动发展方向

双球运动不仅是在球场上“多了一个球”这一形式的变化，在运动场地设施、运动竞赛机制、运动技战术原则、双球组织管理、现场展示转播技术上都将进行重新梳理与建构，这是球类运动一场全方位的变革，必将给球类竞技领域带来一场新的冲击。

毋庸置疑，要把这一项新的运动向社会推广，不是几个人或一朝一夕能够完成的，首先面临着传统运动观念与现行运动体制对双球运动的质疑与评审，而建立一个认可、宣传、培训、演练、竞赛的队伍与环境也是一个浩繁的过程，但这个过程既然已经开始，相信对于跨入21世纪的热爱球类运动的中国人来说，接受挑战也是难得的机会。

也许“双球运动联盟”明天就会在网络的虚拟世界出现，网际间虚拟双球比赛也许后天就会在鼠标与键盘上展开，也许某个部队或院校会将双球运动列入正式的训练课目，也许第一批双球运动的球星已经在球场上展示风采，也许……总之，双球运动的创造过程会一步一步地呈现出来。

下面的粗略计划就作为第一个双球运动猜想吧。

双球运动发展目标

1年目标：规则出版、社会研讨。

2年目标：发布规则、媒体关注；

启动运动推广机制；

开展培训、队伍试训、表演赛筹备与组织。

3年目标：俱乐部组建；

双球联盟筹建；

组织全国邀请赛、筹办正式联赛；

国内电视转播。

5年目标：国内正式赛事；

国际邀请赛；

全球电视转播；

双球彩票开发；

网络双球游戏开发。

现今世界上那些社会影响度高的体育运动基本上都是外国人在主持管理，技术规则也是国外制定并控制。当中国经济已经站在世界不可忽视地位的同时，我国体育运动也应该在管理和运动规则上争取相应发言权，而开发具有独立自主知识产权的运动项目无疑具有实际意义。21世纪的中国无论从外部压力还是内部需求，都具备了自主开发现代体育运动的条件。“绿茵双球我来创”，双球运动也许是我们把握运动管理权的第一步。

国际奥委会2010年投票后宣布，高尔夫球和七人制橄榄球运动将重返奥运，被列为2016年里约热内卢奥运会赛项，使该年的奥运会比2012年伦敦奥运会多出两个赛项，达到28个。而双球运动符合更快、更高、更强的奥运精神，它的面世将会受到当代愿意接受挑战人群的欢迎。在未来奥运会绿茵赛场上，也许会听到为双球运动的欢呼声，让我们大家推动这一天早日到来。

期待您的参与，唱响《双球之歌》：

黑球飞腾闪电，
白球激越果敢。
绿茵英雄汇聚，
智慧撞击火焰。
攻守奋勇机智，
征战分秒瞬间。
天地双球创造，
我们合力向前。

六、双球运动参考资料

（一）解放军原华北军区《军球规则》

1.《军球规则》原书影印件

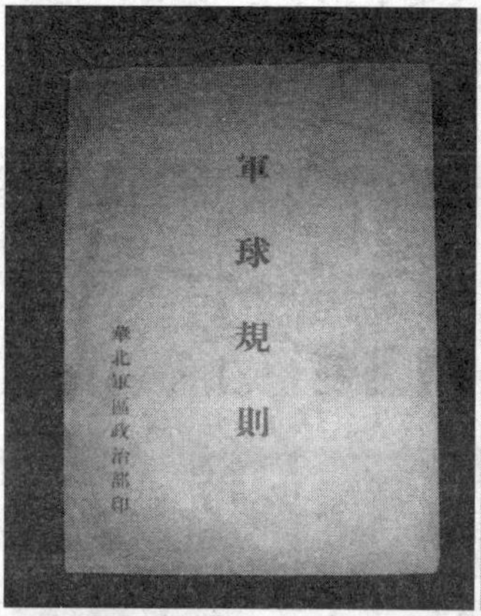

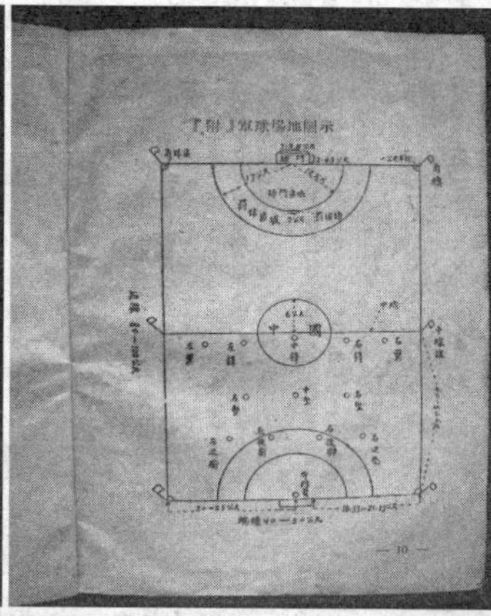

軍球規則（草稿）

第一條 遊戲方法

軍球是兩隊比賽的遊戲，正式比賽時，每個球隊隊員十三人（平時遊戲時，可視場地大小，酌情增減人數），比賽開始前，可用其他球賽方法先決定攻守方向，然後按場地圖示站好位置。

當開始比賽時，兩中鋒面對面站在中圈中間，評判員將球從兩中鋒間向上拋起（如籃球之跳球），同時吹哨，兩中鋒盡力爭起對球打給本隊的隊員，比賽就開始了。

得球的一隊用傳遞、[illegible]、拍打、在地上[illegible]、[illegible]等方法，向對方球門[illegible]進攻，[illegible]可以用腳、[illegible]等方法向球門內射球，但不得[illegible]

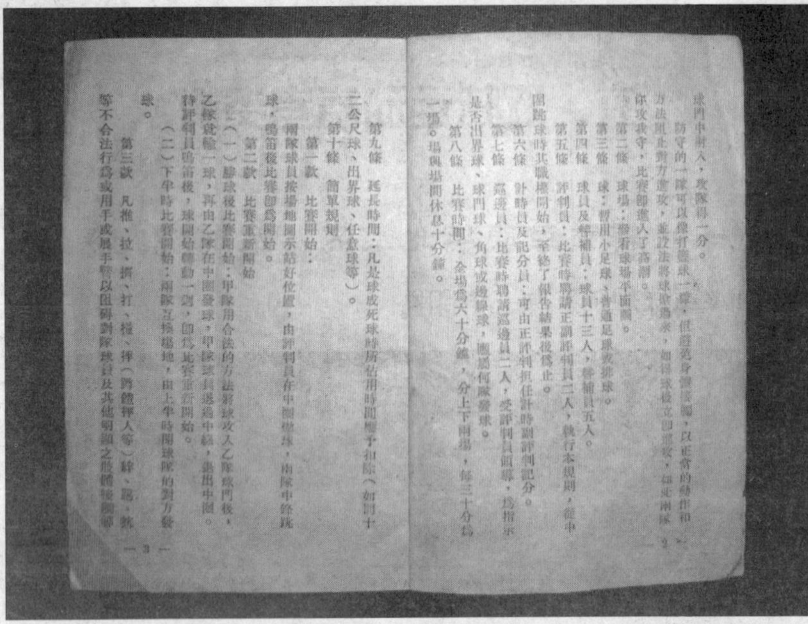

球門中射入，攻隊得一分。

防守的一隊可以像打籃球一樣，但避免身體接觸，以正當的動作和方法阻止對方進攻，並設法將球搶過來，如得球後立即進攻，如此兩隊你攻我守，比賽即進入了高潮。

第二條 球場：參看球場平面圖。

第三條 球：暫用小足球、普通足球或排球。

第四條 球員及替補員：球員十三人，替補員五人。

第五條 評判員：比賽時聘請正副評判員二人，執行本規則，從中圈跳球時其職權開始，至終了報告結果後爲止。

第六條 計時員及記分員：可由正評判担任計時副評判記分。

第七條 巡邊員：比賽時聘請巡邊員二人，受評判員領導，爲指示是否出界球、球門球、角球或邊線球，應屬何隊發球。

第八條 比賽時間：全場爲六十分鐘，分上下兩場，每三十分爲一場。場與場間休息十分鐘。

— 2 —

第九條 延長時間：凡是球成死球時所佔用時間應予扣除（如罰十二公尺球、出界球、任意球等）。

第十條 簡單規則

第一款 比賽開始：

兩隊球員按場地圖示站好位置，由評判員在中圈拋球，兩隊中鋒跳球，鳴笛後比賽即爲開始。

第二款 比賽重新開始

（一）勝球後比賽開始：甲隊用合法的方法將球攻入乙隊球門後，乙隊就輸一球，再由乙隊在中圈發球，甲隊球員退過中線，退出中圈。待評判員鳴笛後，球開始轉動一週，即爲比賽重新開始。

（二）下半時比賽開始：兩隊互換場地，由上半時開球隊的對方發球。

第三款 凡推、拉、摔、打、撞、摔（跨體摔人等）絆、踢、拖等不合法行爲或用手或展手臂以阻碍對隊球員及其他明顯之肢體接觸等

— 3 —

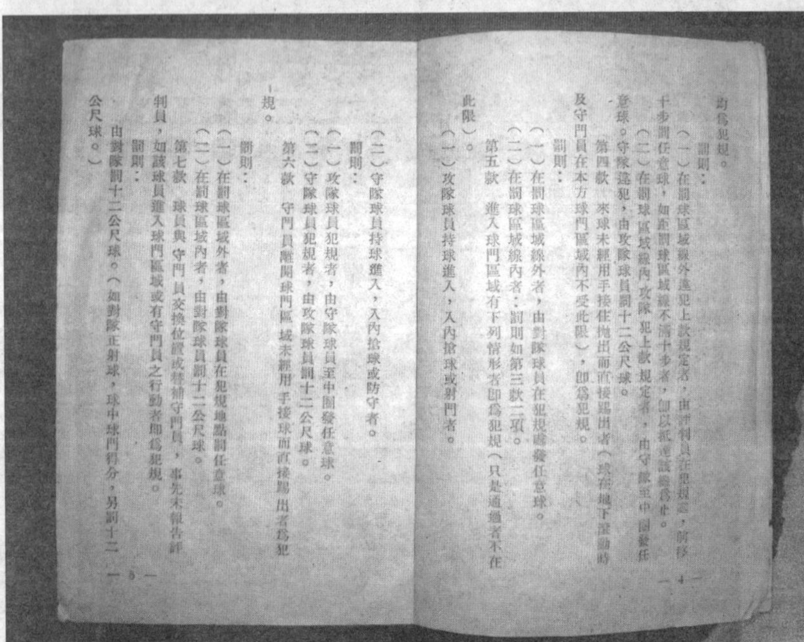

均爲犯規。

罰則：

（一）在罰球區域線外違犯上款規定者，由評判員在犯規處，前移十步罰任意球，如距罰球區域線不滿十步者，即以抵達該線爲止。

（二）在罰球區域線內 攻隊犯上款規定者，由守隊至中圈發任意球。守隊違犯，由攻隊球員罰十二公尺球。

第四款 來球未經用手接住拋出而直接踢出者（球在地下滾動時及守門員在本方球門區域內不受此限），即爲犯規。

罰則：

（一）在罰球區域線外者，由對隊球員在犯規處發任意球。

（二）在罰球區域線內者：罰則如第三款二項。

第五款 進入球門區域有下列情形者即爲犯規（只是通過者不在此限）。

（一）攻隊球員持球進入，入內搶球或射門者。

— 4 —

（二）守隊球員持球進入，入內搶球或防守者。

罰則：

（一）攻隊球員犯規者，由守隊球員至中圈發任意球。

（二）守隊球員犯規者，由攻隊球員罰十二公尺球。

第六款 守門員離開球門區域未經用手接球而直接踢出者爲犯規。

罰則：

（一）在罰球區域外者，由對隊球員在犯規地點罰任意球。

（二）在罰球區域內者，由對隊球員罰十二公尺球。

第七款 球員與守門員交換位置或替補守門員，事先未報告評判員，如該球員進入球門區域或有守門員之行動者即爲犯規。

罰則：

由對隊罰十二公尺球。（如對隊正射球，球中球門得分，另罰十二公尺球。）

— 5 —

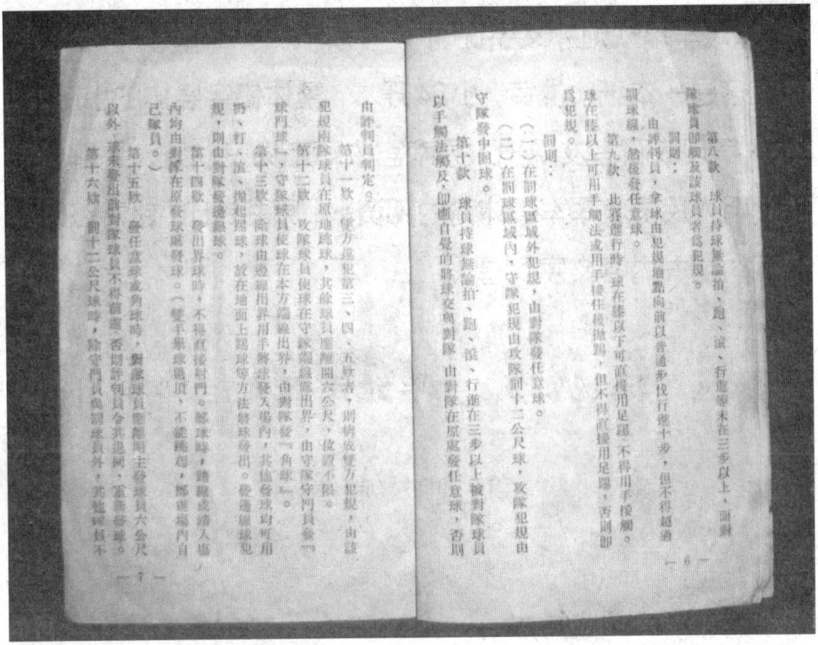

第八款　球員持球無論拍、跑、滾、行進等未在三步以上，而對隊隊員即觸及該球員者爲犯規。

罰則：由評判員，拿球由犯規地點向前以普通步伐行進十步，但不得超過罰球線，然後發任意球。

第九款　比賽進行時，球在膝以下可直接用足踢，不得用手接觸。球在膝以上可用手觸法或用手接住後拋踢，但不得直接用足踢，否則即爲犯規。

罰則：

（一）在罰球區域外犯規，由對隊發任意球。

（二）在罰球區域內，守隊犯規由攻隊罰十二公尺球，攻隊犯規由守隊發中圈球。

第十款　球員持球無論拍、跑、滾、行進在三步以上被對隊球員以手觸法觸及，即應自覺的將球交與對隊，由對隊在原處發任意球，否則

— 6 —

由評判員判定。

第十一款　雙方違犯第三、四、五款者，則稱成雙方犯規，由該犯規兩隊球員在原地跳球，其餘球員應離開六公尺，位置不限。

第十二款　攻隊球員使球在守隊端線出界，由守隊守門員發「球門球」，守隊球員使球在本方端線出界，由對隊發「角球」。

第十三款　除球由邊線出界用手將球發入場內，其他發球均可用拍、打、滾、拋起踢球，放在地面上踢球等方法將球發出。發邊線球犯規，則由對隊發邊線球。

第十四款　發出界球時，不得直接射門。擲球時，踏線或踏入場內均由對隊在原發球處發球。（雙手舉球過頂，不能跳起，擲進場內自己隊員。）

第十五款　發任意球或角球時，對隊球員應離開主發球員六公尺以外，至未發出前對隊球員不得前進，否則評判員令其退回，重新發球。

第十六款　罰十二公尺球時，除守門員與罰球員外，其他球員不

— 7 —

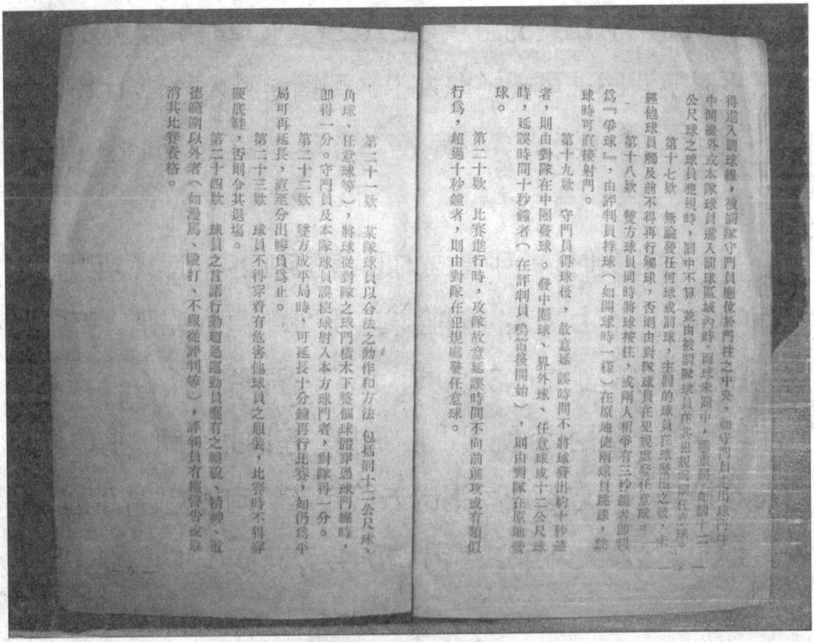

得進入罰球線，被罰隊守門員應位於門柱之中央，如守門員先出球門柱中間線外或本隊球員進入罰球區域內時，而球未罰中，應重罰，如罰十二公尺球之球員犯規時，罰中不算，並由被罰隊球員在其犯規處發任意球。

第十七款　無論發任何球或罰球，主罰的球員在球發出之後，未經他球員觸及前不得再行觸球，否則由對隊球員在犯規處發任意球。

第十八款　雙方球員同時將球按住，或兩人相爭有三秒鐘者即判爲「爭球」，由評判員持球（如開球時一樣）在原地使兩球員跳球，跳球時可直接射門。

第十九款　守門員得球後，故意延誤時間不將球發出約十秒鐘者，則由對隊在中圈發球。發中圈球、界外球、任意球或十二公尺球時，延誤時間十秒鐘者（在評判員鳴笛後開始），則由對隊在原地發球。

第二十款　比賽進行時，攻隊故意延誤時間不向前進攻或有類似行爲，超過十秒鐘者，則由對隊在犯規處發任意球。

第二十一款　某隊球員以合法之動作和方法 包括罰十二公尺球、角球、任意球等），將球從對隊之球門橫木下整個球體穿過球門線時，即得一分。守門員及本隊球員誤使球射入本方球門者，對隊得一分。

第二十二款　雙方成平局時，可延長十分鐘再行比賽，如仍爲平局可再延長，直至分出勝負爲止。

第二十三款　球員不得穿着有危害他球員之服裝，比賽時不得穿硬底鞋，否則令其退場。

第二十四款　球員之言語行動超過運動員應有之禮貌、精神、道德範圍以外者（如漫罵、毆打、不服從評判等），評判員有權警告或取消其比賽資格。

2.《军球规则》文字说明

这是一本纸质发黄，小64开本，繁体铅字竖排的小册子。2004年现收藏者发现于太原南宫收藏市场旧书摊，是解放战争时期人民解放军军事体育内部资料，原书钤印“赵春杰印”。以下为全书内容文字实录。

《军球规则》　华北军区政治部印

军球规则（草稿）

第一条　游戏方法

军球是两队比赛的游戏，正式比赛时，每个球队队员十三人（平时游戏时，可视场地大小，酌情增减人数），比赛开始前，可用其他球赛方法先决定攻守方向，然后按场地图示站好位置。

当开始比赛时，两中锋面对面站在中圈中间，评判员将球从两中锋中间向上扔起（如篮球之跳球），同时吹哨，两中锋尽力跳起将球打给本队的队员，比赛就开始了。

得球的一队用传递、扔抛、拍打、在地上滚动、拍球奔跑或将球扔起不等球落地就踢出去等方法，向对方球门区域进攻。至罚球区域线外可以用踢、扔等方法向球门内射球，但不得越过罚球区域线，如果球从球门中射入，攻队得一分。

防守的一队可以像打篮球一样，但避免身体接触，以正常的动作和方法阻止对方进攻，并设法将球抢过来，如得球后立即进攻。如此两队你攻我守，比赛即进入了高潮。

第二条　球场：参看球场平面图。

第三条　球：暂用小足球、普通足球或排球。

第四条　球员及替补员：球员十三人，替补员五人。

第五条　评判员：比赛时聘请正副评判员二人，执行本规则，从中圈跳球时其职权开始，至终了报告结果后为止。

第六条　计时员及记分员：可由正评判员担任计时，副评判员担任记分。

第七条　巡边员：比赛时聘请巡边员二人，受评判员领导，为指示是否出界球、球门球、角球或边线球，应属何队发球。

第八条　比赛时间：全场为六十分钟，分上下两场，每三十分钟为一场。场与场间休息十分钟。

第九条　延长时间：凡是球成死球时所占用时间应予扣除（如罚十二公尺球、出界球、任意球等）。

第十条　简单规则

第一款　比赛开始：

两队球员按场地图示站好位置，由评判员在中圈抛球。两队中锋跳球，鸣笛后比赛即为开始。

第二款　比赛重新开始：

（一）胜球后比赛开始：甲队用合法的方法将球攻入乙队球门后，乙队就输一球，再由乙队在中圈发球，甲队球员退过中线，退出中圈。待评判员鸣笛后，球开始转动一周，即为比赛重新开始。

（二）下半时比赛开始：两队互换场地，由上半时开球队的对方发球。

第三款　凡推、拉、挤、打、撞、摔（蹲体摔人等）绊、踢、抗等不合法行为或用手臂以阻碍对方队球员及其他明显之肢体接触等均为犯规。

罚则：

（一）在罚球区域线外违犯上述规则规定者，由评判员在犯规处，前移十步发任意球，如距罚球区域线不满十步者，即以抵达该线为止。

（二）在罚球区域线内攻队犯上款规定者，由守队至中圈发任意球。守队违犯，由攻队球员罚十二公尺球。

第四款　来球未经用手接住抛出而直接踢出者（球在地下滚动时及守门员在本方球门区域内不受此限），即为犯规。

罚则：

（一）在罚球区域线外者，由对方队球员在犯规处发任意球。

（二）在罚球区域线内者，罚则如第三款二项。

第五款　进入球门区域有下列情形者即为犯规（只是通

过者不在此限）。

（一） 攻队球员持球进入，入内抢球或射门者。

（二） 守队球员持球进入，入内抢球或防守者。

罚则：

（一）攻队球员犯规者，由守队球员至中圈发任意球。

（二）守队球员犯规者，由攻队球员罚十二公尺球。

第六款　守门员离开球门区域未经用手接球而直接踢出者为犯规。

罚则：

（一）在罚球区域外者，由对方队球员在犯规地罚任意球。

（二）在罚球区域内者，由对方队球员罚十二公尺球。

第七款　球员与守门员交换位置或替补守门员，事先未报告评判员。如该球员进入球门区域或有守门员之行动者即为违规。

罚则：

由对方队罚十二公尺球（如对方队正射球，球中球门得分，另罚十二公尺球）。

第八款　球员持球无论拍、跑、滚、行进等未在三步以上，而对方队球员即触及该球员者为犯规。

罚则：

由评判员，拿球由犯规地点向前以普通步伐行进十步，但不得超过罚球线，然后发任意球。

第九款　比赛进行时，球在膝以下可直接用足踢，不得用手接触。球在膝以上可用手触法或用手接住后抛踢，但不得直接用足踢，否则即为犯规。

罚则：

（一）在罚球区域外犯规，由对方队发任意球。

（二）在罚球区域内，守队犯规由攻队罚十二公尺球，攻队犯规由守队发中圈球。

第十款　球员持球无论拍、跑、滚、行进在三步以上被对方队球员以手触法触及，即应自觉地将球交与对方队，由对方队在原处发任意球，否则由评判员判定。

第十一款　双方违犯第三、四、五款者，则构成双方犯规，由该犯规两球员在原地跳球，其余球员应离开六公尺，位置不限。

第十二款　攻队球员使球在守队端线处出界，由守队守门员发“球门球”。守队队员使球在本方端线出界，由对方队发“角球”。

第十三款　除球由边线出界用手将球发入场内，其他发球均可用扔、打、滚、抛起踢球，放在地面上踢球等方法将球发出。发边线球犯规，则由对方队发边线球。

第十四款　发出界球时，不得直接射门。掷球时，踏线或踏入场内均由对方队在原发球处发球（双手举球过顶，不能起跳，掷进场内自己队员）。

第十五款　发任意球或角球时，对方队球员应离开主发球员六公尺以外，球未发出前，对方队球员不得前进，否则评判员令其退回，重新发球。

第十六款　发十二公尺球时，除守门员与罚球员外，其他队员不得进入罚球线，被罚队守门员应位于门柱之中央，如守门员走出门柱中间线外或本队球员进入罚球区域内时，而球未罚中，应重发。如罚十二公尺球之球员犯规时，罚中不算，并由被罚队球员在其犯规处罚任意球。

第十七款　无论发任何球或罚球，主罚的球员在球发出之后，未经他球员触及前不得再行触球，否则由对方队球员在犯规处罚任意球。

第十八款　双方球员同时将球按住，或两人相争有三秒钟者即判为“争球”，由评判员持球（如开球时一样）在原地使两球员跳球，跳球时可直接射门。

第十九款　守门员得球后，故意拖延时间，不将球发出约十秒钟者，则由对方队在中圈发球。发中圈球、界外球、任意球或十二公尺球时，延误时间十秒钟者（在评判员鸣笛后开始），则由对方队在原地发球。

第二十款　比赛进行时，攻队故意延误时间不向前进攻或有类似行为，超过十秒钟者，则由对方队在犯规处发任意球。

第二十一款　某队球员以合法动作和方法，包括罚十二公尺球、角球、任意球等，将球从对方队至球门横木下整个球体穿过球门线时，即得一分。守门员及本队球员误使球射入本方球门线时，对方队得一分。

第二十二款 双方成平局时，可延长十分钟再行比赛，如再成平局可再延长，直至分出胜负为止。

第二十三款 球员不得穿着有危害他球员之服装，比赛时不得穿硬底鞋，否则令其退场。

第二十四款 球员之言语行动超过运动员应有之礼貌、精神、道德范围以外者（如谩骂、殴打、不服从评判等），评判员有权警告或取消其比赛资格。

附：军球场地图示（见 P31 影印件）

场地：长 80—100 公尺、宽 40—50 公尺

球门：宽 7.34 公尺、高 2.43 公尺（以球门中点为中心，球门区是半径为 12 公尺的半圆，罚球区是半径为 17 公尺的半圆。罚球线在球门对面球门区圆弧中段，边长 2 公尺）

矩形场地的四角插角旗，角球区为以角旗处为圆心，一公尺半径画出的 1/4 圆弧。

场地两长边中点的连线为中线，中线两端插中线旗。

中线中间点为圆心，6 公尺半径画圆，为中圈。

球员排阵一般成 5、3、4、1 配置：

左翼、左锋、中锋、右锋、右翼

左坚、中坚、右坚

左边卫、左后卫、右后卫、右边卫

守门员

（二）双球运动赛场示意图

双球赛场的设置形式可以有 A、B 两种以上的形式。

A. 双球赛场单个天门形制平面图（中央天门形制：双方各设一个天门，天门圆网设立在原有球门的正上方）。

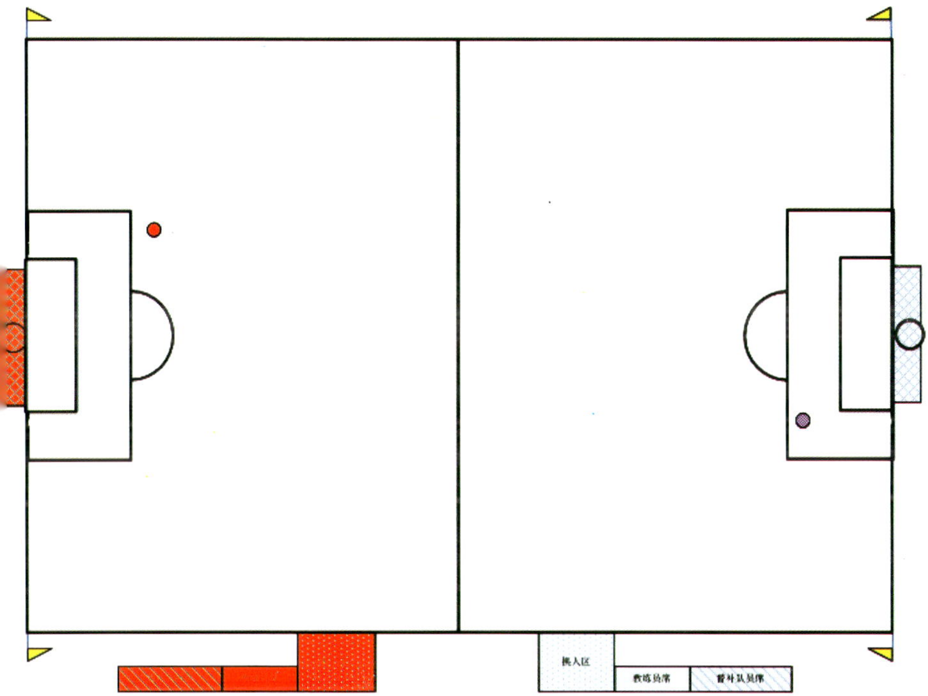

图 1 双球场地形制 A

B.双球赛场双天门形制示意图（双侧天门形制：双方各设2个天门，垂直天门圆网与水平天门圆网分别设立在原有球门的左右两侧）。

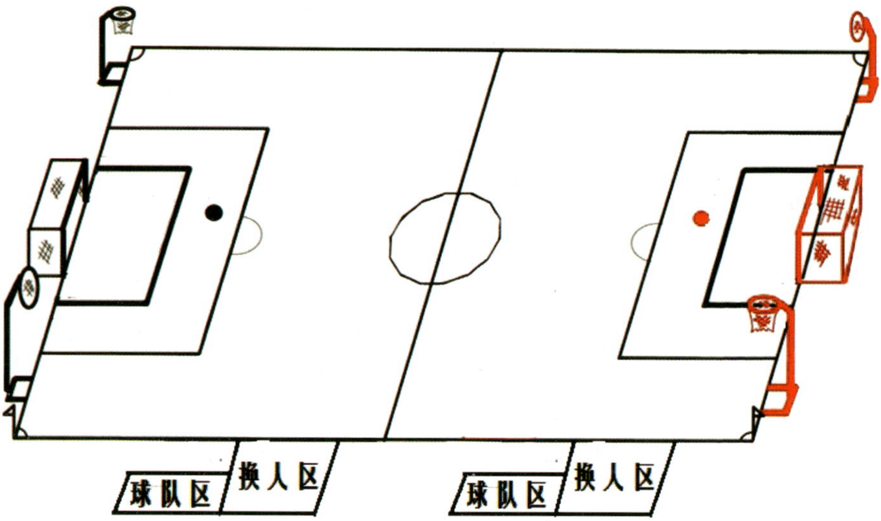

图2　双球场地形制B

本方球进攻到对方区域可以进攻对方的地门，即球与球门颜色不同，可以攻地门。异色球攻进地门得2分。

本方球被对方阻截后，并反攻回本方时，只能进攻天门，攻进任意形式的天门均可得分，即球与球门颜色相同，只能攻天门。同色球攻进天门得1分。

（三）双球运动球队示意图

双球赛场的两方场上队员各有13人，包括守门员1名，其他攻守球员12名。每队持有1枚与本方球门颜色一致的球。各队报名队员21名（包括8名候补队员），下场队员可以重复上场，各队可以在换人区随时不中断比赛进行换人。

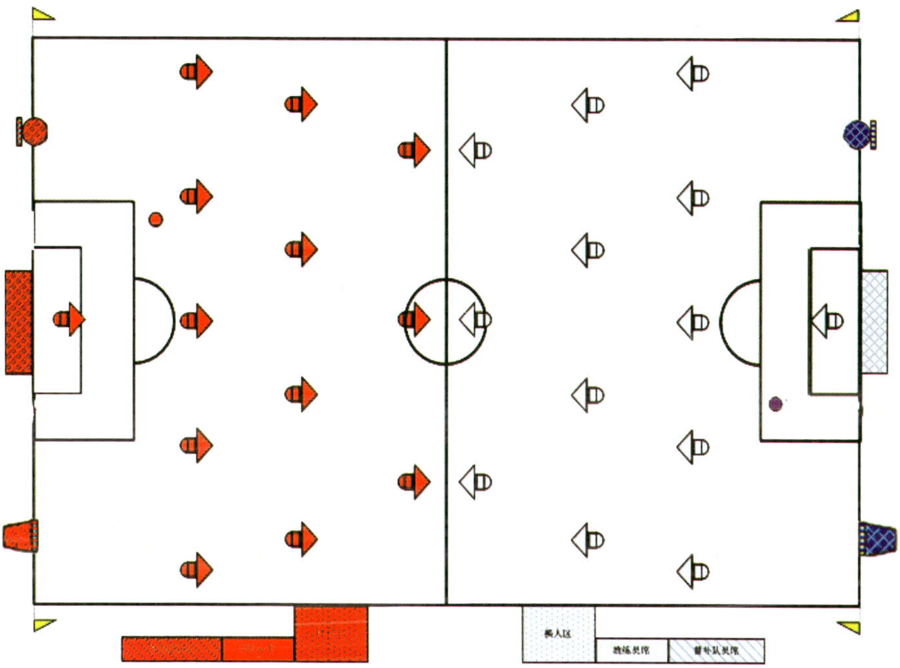

图 3　场上球队示意图

（四）双球运动天门立体图及天门在底线位置示意图

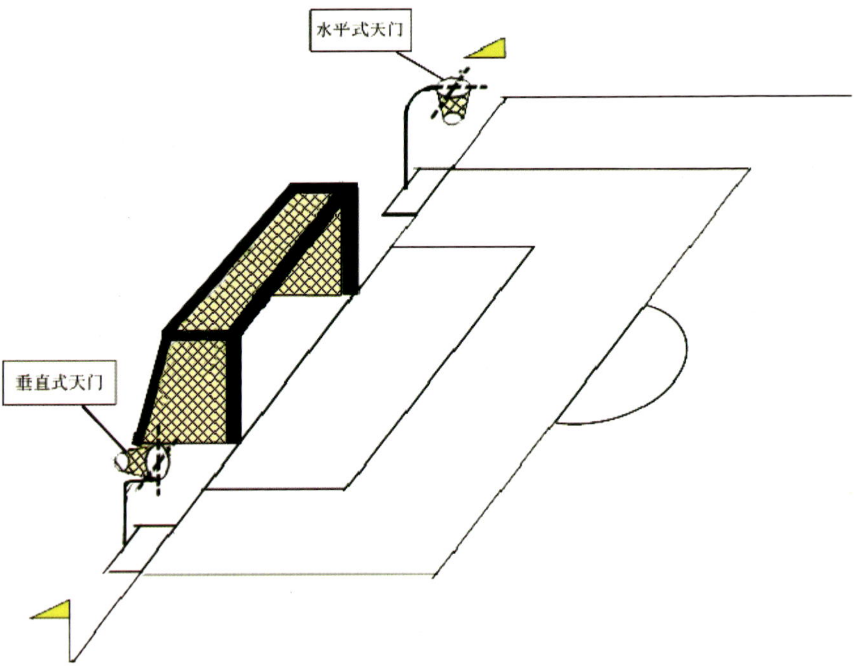

图 4　天门立体图示意

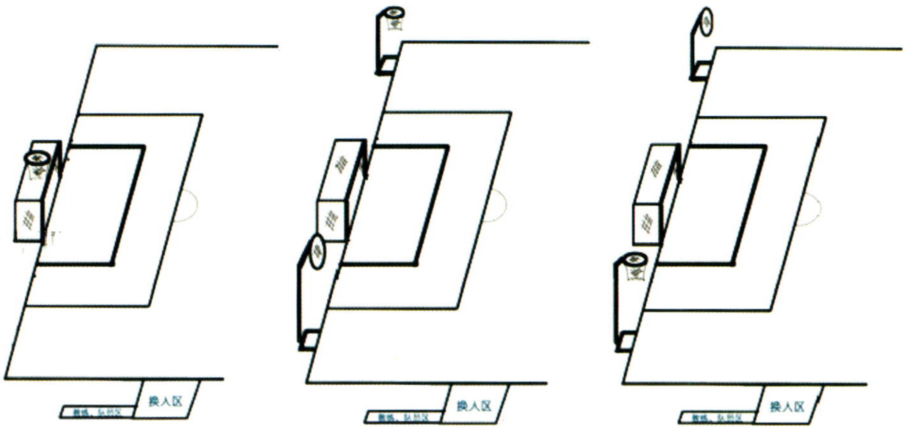

图例（自左至右）三种天门布置形式（每一种底线都有两个以上的防守目标）

图5　三种天门布置形式

（五）双球运动半场场地示意图

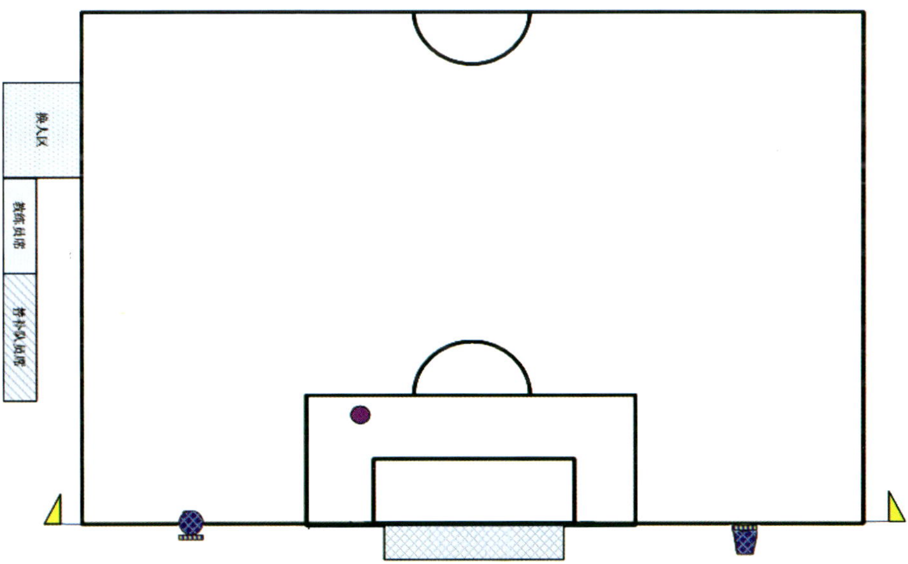

图6　双球半场场地示意图

（六）双球运动战术布置示意图

双球球队在战术布置时随时都要将场上队员分成进攻、防守、机动三个部分。

图示中仅示意展示了将进攻与防守小组按照左右配置与前后配置两种形式，每一方都保留了2名队员作为机动支援，机动队员的配置也可以是前后配置与左右配置。

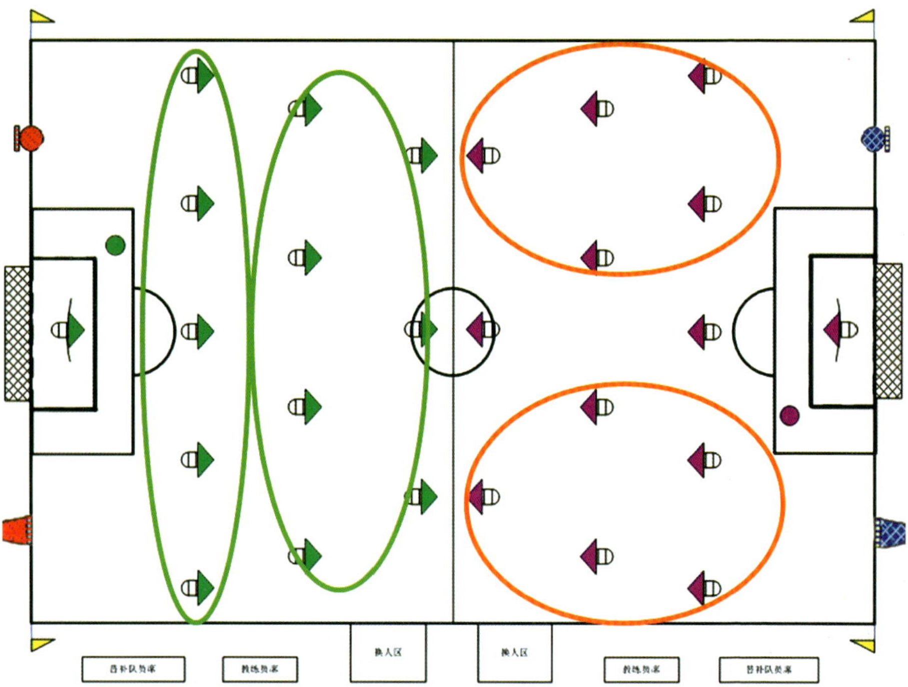

图7　战术布置示意图

（七）双球运动赛场主裁与边裁位置示意图

场地内设2名主裁，分别跟踪2枚赛球。场边分设4名边裁，划分4等分区域，按照所分工区域在边线外侧辅助判裁。

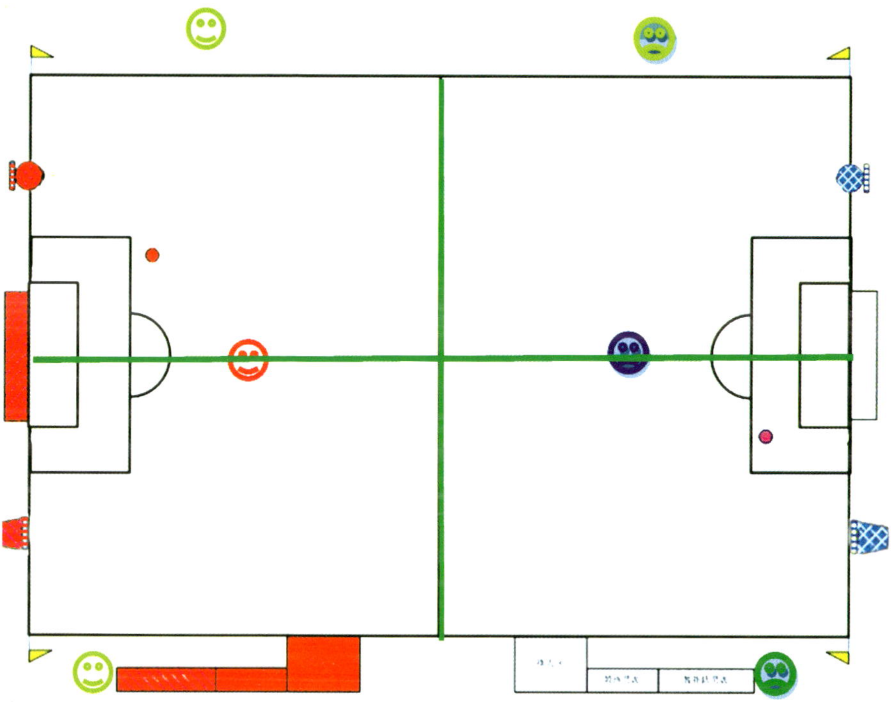

图8　裁判位置示意图

（八）《双球运动》标志

双球运动标志示意图，基本图形由一个大圆中有黑白2个小圆，每个小圆带有一条或三条流动形拖尾。含义是：一生二、二生三、三生万物。黑白两球在绿色场地中相争飞旋，变化无限。

双球运动标志每组有两个颜色差异明显的图形组成。既可以使用在两个赛球的外观上，也可以作为双球运动组织的标志。

七、从延安“军球”到双球运动

原华北军区《军球规则》是本书作者发明“双球”的重要依据，所以非常期望能够搞清楚军球规则相关的背景故事。据史料记载，华北军区是解放战争时期的1948年5月至解放后1955年2月期间，中央军委直属的重要军事建制。1955年2月11日，中华人民共和国国务院决定，华北军区改称北京军区。作者走访了原“华北军区政治部”现在的“北京军区”档案室，但没有查到任何相关记载，访问军区研究史料的同志以及多位华北军区的老同志，也没有关于军球的信息，笔者以为军球的背景也许真的成为了不解之谜。

就在本书即将成稿时，北京工业大学参加双球运动研究的同学发来一份邮件，是上海体育学院博士党挺撰写的学位论文《延安体育之研究(1935－1948)》，终于使军球的查证出现重大转机。这是一部选题新颖，史实资料异常丰富的科学论文，篇幅有200多页。其中“军球”的信息不断出现，令人惊喜不已。

原来，“军球”的发明是在1942年的延安时期，当年“军球”运动在延安已经得到了相当的普及。“军球”项目的发明人明确记载为“八路军120师体育股的张之槐、黄烈”。进一步查询得知，张之槐、黄烈二位发明人都是建国以后体育界元老级的人物。他们在建国后第一任体委主任贺龙的领导下，分别在排球、足球、田径领域为新中国体育建设发挥了重要的作用。

关于延安军球，我们还是直接阅读该论文的精彩论述吧。

（以下主要内容转录于上海体育学院党挺的博士学位论文，其余来自网上的署名文章）

论文第 5.1.5.6 节《不断开拓创新》和 7.1.4 节《实事求是、不断开拓创新是延安体育精神的核心》，两次提到“军球”是当时体育创新的内容之一。

“5.1.5.6 节《不断开拓创新》：在延安时期极端困难的条件下，大家因地制宜、因陋就简，根据战争年代的实际情况，在器物层面进行创新，创造了不少体育活动形式和体育器材，以适应人们锻炼身体的需要。根据需要创造了军球、棉线球、新秧歌舞、‘抬担架’、‘背人赛跑’等项目。创造了‘口袋木马’、冰鞋、冰刀，自制跳棋和扑克牌等体育器材。还自己动手，开辟体育场地，利用延河开展游泳和滑冰。制度层面也进行创新，通过一定的规则、组织和管理的创新来使更多的人参加体育活动。”

第 3.3.6.3.2 节我们找到了对军球的具体描述：“军球，是体育股张之槐、黄烈同志，针对战略环境、运动器材缺乏以及战士的特点，而创造的一种最具群众性、简便易行而又对抗性很强的新项目。它综合篮球、排球、足球、手球和橄榄球的某些动作和规则，包括传递、抢夺、抱球奔跑，以连人带球攻

(闯)入对方大门为得分。要想取胜，除体力和个人技巧外，战术的灵活与配合尤为重要。场地可大可小，高低不平也无妨，人数根据场地情况可多可少。在各自一端的底线等距离地摆两堆石头或衣服，当作球门。用篮球、排球、足球都可以，把旧棉絮压紧用布缝个球也行。当双方各一个班或一个排的人对垒的时候，气氛欢腾而激烈。

军球引起了很多人的兴趣，而且一试即会，为此，培养了一批军球裁判员，指导开展军球（120 师创作，在足球场上，篮足球规则共用。且可以带球跑，输赢也看进门多少）活动及其他多种球戏。” **[来源]刘卓甫，栗树彬等．戎马倥偬显雄风——忆战斗篮球队．体育文化导刊，1986（5）：45**

文章中提到的军球发明人张之槐、黄烈都是贺龙部队中篮球队的骨干，也是体育股的成员。

“当年军队体育开展得最好的是八路军120师，贺龙任120师师长和陕甘宁晋绥联防军司令员等职。在他的重视下，早在1940 年1月，120 师就在师部配备了专职体育干部。同年7月29日，他们向全师颁布了著名的《体育训令》。在师司令部教育科设体育股；各纵队、旅、团司令部增设专职体育参谋；营连教育干事和文化教员要兼管体育工作。” **[来源] 谢武申，王鼎华．共和国体育元勋．北京：人民体育出版社，1990：21**

配备专职的体育工作者，在人民军队中是首创，说明党和军队的领导已把体育锻炼纳入到如同打仗一样重要的议事日程。

“贺龙在师司政机关成立了著名的‘战斗篮球队’。‘战斗篮球队’技术水平高，作风顽强朴素，球场道德高尚。名扬全解放区，为抗日军民所赞誉，对推动八路军的体育运动起了积极的作用。

战斗队还两次赴延安比赛，在延安先后同抗大军政学院、中央党校、鲁艺学院、马列学院、八路军留守兵团、边区保安司令部、青年联合会、八路军总部、军委等单位进行篮、排球比赛，场场比赛，都有很多观众，多时有数千人观看，每场比赛都有中央首长来看球。他们还受到朱德总司令题赠的锦旗和毛主席的接见。贺龙师长当年还说过：‘足球就是军球’。”

论文第 4.1.4.5 专节介绍了黄烈：

“黄烈毕业于广东省体专，曾就职于广东老隆师范学校担任体育教师，不久又出任国民党中央军校广州分校中尉体育教官。在中国共产党‘停止内战，一致抗日’的方针感召下，他决定辞去教职去延安，跟着中国共产党进行抗日救亡的伟大斗争。于 1938 年 9 月抵达陕西洛川，进入抗日军政大学设在当地的分校，同年 12 月，被调往延安抗大总校。

黄烈在体育方面的专长受到领导和同志们的重视，入学不久被选为学员队的体育委员和篮球队长。这更激发了黄烈在革命队伍里施展自己体育才华的积极性。他带头发动学员募捐，用自己身上仅有的钱买篮球和做篮球架。从此学员队的体育活动便热火朝天地开展起来。后来担任 120 师政治部宣传部的体育干事。

1942年，120师利用作战间隙举办为期8个月的我军最早的体育骨干训练队，并任命26岁的黄烈当师体训队队长。黄烈既负责体训队全面的工作，同时还担负教学和编写教材的任务。他将传统的体育理论与根据地军民体育运动的实际情况相结合，深化自己的经验、体悟和智慧，白天上课，晚上在油灯下加班编写教材，终于写出了球类、游泳、体操、体育游戏、运动场建筑等7本具有根据地特色的教材，对推动抗日根据地军民体育活动的开展，起到了极大的促进作用，为八路军培养了大批的体育骨干。

在几十年军队体育运动的生涯中，黄烈既是一个领导着、组织者和实践者，又是一个理论研究的先行者和探索者。黄烈特别注重军队体育运动理论的研究，他的一系列研究成果，为我国和军队体育运动的发展起到重要的引领作用。”

论文中特别提到了黄烈编写球类教材的细节，说明他具有编写与研究的专业能力，而且在红色军事体育研究方面做出了很大的贡献。

关于张之槐，曾志对贺龙元帅的回忆录《唯才是举，用人所长——贺龙用人故事》中有一段更清晰的描述：

“1953年4月，贺老总到北京主持第一次体委工作会议后，就为选调干部忙开了。贺老总为体委选的第一个人才就是张之槐。

张之槐，1937年毕业于北平体育专科学校，抗战时期就是贺老总手下的一二〇师‘战斗’篮球队队长，解放后担任西南军区司令部干部处处长，一直在贺老总的手下工作，但他对去体委工作毫无思想准备。当时部队已开始酝酿实行军衔制，他不想在授衔之前转业。贺老总理解他的心情，但还是不想放弃他这样的体育人才，对张说：‘体育事业同样是建设新中国的一条战线。你体育科班出身，干这行的专家。你不干，谁干？不要光想当官扛牌牌，不考虑事业。我是西南军区司令员，你说重要不重要？中央要我当体委主任，我就得去当。不光去，还得干好。我们是共产党员嘛！我给你几天时间考虑考虑，想通了，来找我。’张之槐整整想了一个通宵，深深感到贺老总的批评是对自己的信任，终于下了决心。第二天一早就去对贺老总说：‘老总，想通了，我去。’就这样，张之槐成了贺老总第一个调进国家体委的副司长。”

张之槐、黄烈解放后在新中国体育战线各自的岗位上也做出了卓越贡献，但从网上进一步查阅的资料则令人无限惋惜，因为他们都已在多年前先后故去了。

要感谢如党挺一样的诸多“红色体育”研究者，正是他们的关注与专业研究，才使得延安军球这个具有重要意义的课题得以记载。并使诸如张之槐、黄烈这样的“军球”创新者的事迹没有湮没在历史的海洋中，在红色历史创新活动的发掘中，得到了应有的地位与评价。

经过 5 年多的探索，《双球运动手册》终于完稿了，应该感谢这么多年一直鼓励支持我的家人、朋友和同事们。他们虽然不是体育专业人员，但都是中国足球的执着热爱者，正是通过与他们的交流研讨，不同观点的不断碰撞，闪现出双球运动的创造灵感。虽然，期间因为没有适用的解决方案，多少次停滞不前，但通过寻找多种运动规则的融合点，终于使双球运动规则得以完善。北体大出版社的张清垣编辑也对双球运动规则给出了很好的建议，特别是他对竞技运动推广过程的意见，使我受益匪浅。

要感谢国家一级作家咏慷先生，他是拥有《青春殇》、《红色季风》、《新中国大阅兵》等多部重要作品，具有相当社会影响力的部队作家，当我将本书初稿交给他时，心中实是惴惴不安。因为这终究还是自己个人的一个思路，能否为社会、为部队人士所接受，心里确实没有底。但很快就得到了他的鼓励，并推荐我与部队系统的金盾出版社联系，还荣幸得到他撰写的序言，使我对双球运动－复式军球的推广增加了一份信心。

延安军球——军球规则——双球运动——军球运动，至此我仿佛看到了一条曲折的军事体育创新的登山之路。今天的双球研究，正在沿着延安军事体育创新的路继续前行。前人在半个多世纪前的战火中都能发奋创新，我们今天的条件比起战争时期要强无数倍，还有什么理由不继续前行呢。在本书即将付印的时刻，我已经感到一批双球运动的支持者、推动者在跃跃欲试，“双球运动——复式军球”已经在向我们召唤。

八、双球运动的实践与探索

“双球运动”是一项创新的运动，作者经过几年的研究开发，使之从理论上逐步完善并初步具备了可操作性。就在本书即将付梓之际，总后政治部文化工作站得到了相关信息，李绍章站长敏锐地发觉，“双球运动”在新的历史条件下，具有在部队推广开展的意义。它对于继承我军光荣传统，发扬勇猛顽强、团结拼搏、奋发向上的集体主义精神，增强官兵体质，提高部队战斗力有着独特的作用，这就使“双球运动”从书本走向了实践。

由于“双球运动”具有很强的现代军事特点，更多依靠的是战阵战术的变化，均等对抗、以退为进、智谋取胜的战例将不断上演。青年官兵在锻炼身体体能的同时，还可以进行战术理论的学习及战术战例的演练，有利于在对抗中培养勇敢顽强、机智灵活的战斗精神，增强机动应变、实战指挥、配合作战的战斗素质，因此，总后勤部政治部文化工作站组织成立了“军营双球研究项目组”，并由军事交通学院进行实操研究，在项目运动规则、项目组织形式、运动器械改进、球队训练和比赛等方面进行了深入的研究和实践，使得“军营双球”更具有可操作性和推广价值。

2011年9月，“军营双球研究项目组”在北京成立，总后政治部文化工作站李绍章站长任项目组长，魏世冬任首席专家，成员包括总部文化工作主管部门的领导、从事部队文化工作数十年的老专家、具有丰富实践经验的部队文化干事、长期从事军校军事体育教育的教官、体育运动器械生产厂家科研人员以及国家级的教练员、运动员等，并召开了“军营双球”项目第一次专题研讨会。研讨会上，大家充分肯定了双球运动在强化身体素质，培养顽强战斗精神方面的作用，普遍认为非常适合在青年官兵尤其是军校学员中开展。研讨会决定下一阶段的主要任务是完善和细化运动规则，增强规则的可执行性。9月底，“军营双球”作为新形式的体育运动项目，参加了总后勤部文化装备科研展，受到了观展首长和官兵的好评。

2011年11月，“军营双球研究项目组”在北京召开了第二次研讨会，详细审查了运动规则修改意见。会议决定加快生产1套运动器材，并通过军事交通学院进行实践探索，科学检验运动规则和推广的可行性。

在项目组的指导下，2011年12月，军事交通学院成了“军营双球”运动研究小组。小组成员主要包括机关业务处室领导、干事和基础部军事共同科目教研室、计算机教研室教员，以及基层学员队干部和学院足球队部分骨干等。在全校学员和干部中选拔了46名运动员和6名裁判员，成立了“军营双球”

球队和裁判组。研究小组按照“规则培训、器材准备、动画模拟、视频演示和实际演练”的方法步骤，制定了研究计划和工作时间表，购置了比赛用球、运动员服装和裁判器材，全面展开了“军营双球”运动规则的学习和训练。

2012年4月，军事交通学院电视台摄制采编人员，利用1个月时间，拍摄制作了一期“军营双球”运动宣传教学片。同时，基础部计算机教研室1名教员带领3名flash设计人员，利用3个星期制作完成了“军营双球”运动动画演示片。演示片主要包括运动项目介绍、比赛规则和模拟演示。期间，研究小组多次召开会议，对该竞赛规则先后数十次提出修改意见，军事共同科目教研室还发动全室人员对竞赛规则进行集体讨论，邀请足球比赛专业人士对该项运动的竞赛规则进行指导，购买足球专业资料进行对比参照，最终于2012年9月底，完成了竞赛规则的修改和制定。竞赛规则主要包括场地器材、人员配置、竞赛组织、竞赛办法和赛事裁判等，特别是对器材设施的尺寸形状、赛事的组织和现场执裁提出了明确的规定。

2012年10月，“军营双球研究项目组”对军事交通学院取得的进展进行了研讨，编写了《军营双球运动规则（试行）》，由解放军卫生音像出版社配套发行了《军事对抗性双球运动》宣传片，在军内外引起了广泛反响。

“军营双球”运动在军队院校实践研究和推广普及中，受到了广大师生员工的好评，关注度日益增加，索取相关资料和主动参与体验的人员也在逐渐增多，多个学员队和基层分队都自行成立“军营双球”运动队。通过实践推广，“军营双球”这一创新运动项目的可行性和优越性愈发显现，它有着场地器材简单、技能素养要求不高、竞赛规则通俗易懂、增强体能素质有效、不易造成运动创伤等特点，又集娱乐性、趣味性、群众性和对抗性于一体，科学解决了体能训练乏味的现实问题，对于锤炼官兵的身体素质和意志品质，培育战斗精神和战斗能力，有着非常重要的实际意义，具有很大的推广普及意义。

九、双球运动技战术训练指南

由于双球运动的技术规则、场地设置与传统足球有较多的不同，所以从事双球运动的球员既需要具有传统足球运动的基本技能与基础知识，还需要接受双球规则与技术的专门培训，并且进行一定时间场下和场上实际训练后，才能够具备参加双球比赛的基本技能。

还应有一批经过专门培训的教练员与裁判员。他们是球队训练与比赛的基础条件。教练员与裁判员的培训在双球规则的评审完成后即可进行。应该在双球规则的研究推广过程中注意培养与发现一支技术队伍，作为后期专业培训的业务骨干。

一、球员双球基本训练

1. 天门射门训练

足球场地底线，至少设置一个天门（在足够大的一面水泥墙或木板墙上绘制天门的篮板与球网，也可以进行训练，而且方便捡球）。

训练方式

球员在距离天门 4 米、6 米、8 米的位置分别进行挑射天门的练习。

在每个设定的距离练习不少于 5 小时的时间。

测试及格条件：

在4米距离挑射10个球，进球合并入网率不低于30%。在6 米距离挑射 10 个球，进球合并入网率不低于 20%。

既包括一次挑射进门入网的概率，也包括一次未入网但碰撞篮板后反弹回场内，在篮下用头球或脚踢二次补射进门入网的概率。

2. 双球辨识训练

足球场地底线，在原有足球大门旁边至少设置一个天门。（在足够大的一面水泥墙或木板墙上绘制出一个足球门和至少一个天门的篮板与球网，也可以进行训练，而且方便捡球）

训练方式

训练球员站在相当于大禁区线的半圆罚球弧，脚下放置一球。

首先设定底线地门与天门的颜色（红色或蓝色，任选一种）。

教练口头宣布球员所持足球的颜色后（红色或蓝色，任选一种），球员即刻选择进攻路线，带球前进不少于5米距离，然后射门。

该球员如判定球与球门颜色不同，则应将球向地门进攻，若球员判断球与球门颜色相同，则应选择天门进行射门。

在每个设定的距离练习不少于2小时的时间。

测试及格条件

连续测试不少于10次，球员进攻路线一次选择的正确率不少于95%。

3. 战队组合训练

足球场地，在一端底线原有足球大门左右两边各设置一个天门。

训练方式

训练球员每组3～5人，站在足球场地中线的中圈弧中点，面对球门。准备一枚足球开球，球员按照开球组合排列在中线外侧，等待教练的口令。

教练宣布所持足球的颜色，所进攻球门的颜色后，该组球员按照规则规定，相互配合传递，运动中每个球员至少触球一次，然后将球攻进正确的球门。

该组球员如判定球与球门颜色不同，则应将球向地门进攻；若判断球与球门颜色相同，则应选择左右任意一个天门进行进攻。

该项训练每个球员至少参加3个小时。

测试及格条件

每组球员配合进攻，进攻路线合理，配合连续、进攻目标正确，球入球门，为成功一次。连续进行5次全组进攻，成功率不少于60%。

4.裁判哨音辨识

首先选定两个音频区别明显的裁判专用口哨，并将其进行颜色标示。

训练方法

球员首先按照对应的颜色和哨音频率，进行反复试听。逐步熟悉颜色与哨音的对应关系，熟悉训练时间不少于30分钟。

测试及格条件

训练球员在适当的间断时间间隔中，试听不同口哨交叉吹响10次。准确说出该哨音对 应的颜色为合格，正确率不少于100%。

5.本队金鼓密码辨识

双球赛事鼓励各队的教练员使用锣鼓进行现场战术的指挥与调度。禁止教练员在场边大呼小叫。所以各队都要配备具有特色声音的指挥锣鼓一套。

本队选择锣、鼓各一面。锣鼓形制以声音响亮，音色具有较高的辨识性，尺寸和重量便于携带、质量可靠为宜。

本队编制以锣音和鼓声传递攻防口令的声音密码一套，包括进攻、防守、场上阵形改变、队伍攻守转变、加快节奏或稳住阵形、换人等，进行清晰的声音与频率的组合规定。密码以清晰简洁、容易辨识与记忆为宜。一般队员、场上队长、战斗小组组长可以分别设置不同级别和用途的指令。每组密码数量不应多于10个。

（1）锣鼓设置

每一方都要同时应对2个球的攻防，可以设定鼓声为本方进攻球（开球时本方持有的球）的指挥信号；锣音为对方进攻球（开球时对方持有的球）的指挥信号。（同理，也可以规定鼓声为本方进攻状态的指挥信号，锣音为本方防守状态时的指挥信号）

（2）敲击示意

可以用密集敲击表示加快攻防节奏，用稳健的敲击表示稳定情绪，稳定阵形。

可以用规定的声音与频率表示特定的含义。如按照电报码数字的组合，提示该号码队员的站位和动作调整。或者按照约定的声音长短组合表示全队战术的实施与变化。如连续敲击3下的组合，表示坚决进攻；3短1长的敲击表示换人。

（3）训练方法

首先发给训练球员本队密码一套。然后根据球员制定的场上角色，由教练员按照对应密码规则进行锣音与鼓声的敲击，球员逐个进行熟悉。

训练及格条件

测试球员首先被指定一个确定的场上角色，由教练员按照对应密码规则进行锣音与鼓声的敲击，单位时间内连续测试不少于12个密码信号，能够准确回答出不少于10个密码的含义者为合格。

6.红蓝对阵训练

在由以上5项训练合格球员组成不少于2支球队后，就可以进行双球对阵训练了。

每个队伍首先由教练员根据本组球员的特点制定出本场球员分组名单和换人顺序，并为进攻组、防守组、支援组指定一组战术与应对措施。

训练方法：

双方选择场地后就确定了前半场的本队颜色，双方由守门员开球，两队按照事前既定的战术与组合，开始进攻与防守。教练按照声音密码进行现场指挥。遇到问题可以用裁判哨音暂停或停止比赛。可以先对单个进攻战术进行演练，即防守一方可以做出动作即可，不要实质性的阻挡。

以实现本队进攻路线并实施射门为成功的进攻，待进攻战术为双方都掌握后再演练防守战术，最后形成连续的战阵演练。

战队组合可以先演练固定组合，即525或534组合固定不变；待配合熟练后，再进行变阵组合，即根据场上形势，由525变成723或327等重点进攻（其余力量进行防守）或重点防守（得球后就地反攻）阵形。

综合战阵训练时间不少于50小时。

训练及格条件：

训练合格球员组成2支球队及满足双球规则的双球场地。

由双方教练员组成各自的现场指挥组。现场裁判至少4名，2名主裁，2名边裁。

场外技术裁判组即为训练的考核官。每半场可以作为一个考核时段。若双方按照规则不中断的比赛完成2个小节，可以及格；不中断连续比赛3个小节，为良好；若能按照规则不中断完成全场比赛的，则为优秀成绩。

二.双球基本战术组合说明

每支球队无论采取何种阵型组合，其球员都可分为3个小组。

第一个称为“进攻组”，负责将本方球向对方地门进攻得分，同时防止对方堵截本方球后转向本方天门进攻，其任务确切的是先攻后守。

第二个称为“防守组”，负责防守对方持有的进攻球并将其堵截，然后向对方天门进攻并得分，其任务确切的是先守后攻。

第三个小组称为“机动组”，主要负责协助本方守门员守住本方的地门（即原有的足球球门—称为地门），并随时根据场上情况给予另外两个小组进行支援，其确切的任务是：以守为主，兼顾协攻。

三个小组任务各有侧重，每个小组组成队员的人数既相对固定，又要根据战场情况和技战术特点灵活配置及时调整。

1. 战术组合基本原则为二、三成组，五人成队。各自为战，变阵配合。

以多得分，以少固守。就地反抢，连续作战。

2. 全队分成525基本阵形。5、2、5分别为两个5人战队，一个2人机动队。每个5人战队包括2+3两个小组。其中2人组为支援组，3人组为基本组。即当需要支援另一个战队时，派出的是支援2人组。

3. 战队与机动队中都有一人为战队长。小组中有组长。组长服从战队长，战队长指挥战队。每场比赛前要指定3个战队长中一个为场上队长，负责场上2个战队及机动队之间的协调。

4. 一般情况下，要保证两个球的攻守平衡，则两个5人战队分别负责攻球与守球，各自组织独立的攻守。2人机动队的主要任务是对本方球门特别是地门的防守，在地门形势稳固的前提下，可以根据战场变化，临时选择加入需要增强力量的战队。

5. 如果一个攻球出现了明显的敌弱我强的形势，则应抓住机会，强化本方优势，即由另一个战队派出一个2人支援组，加入攻势，争取得分。如果无法得分，该小组应及时返回原来的位置。

6. 为了保证最紧急任务的完成，如全力进攻，或全力防守，必要时，除了另一战队派出2人组加入主战队外，2人机动队也可以加入另外主战队，协助进行攻守。所以525阵型可以变化为723阵型，甚至变化为93阵型。

7.开始基本阵形为525，即两个战队是前后排列阵形。2人机动队在两个战队的中间位置。也可以选择525是左右排列的阵形。(但每个战队中各组员的位置应该按照212前后排列，或者视具体情况而灵活组合）单独的2人组与3人组在运动跑位中，应该保持“队长为主、相互接应、随时补位”的队形。如一字形、人字形或三角翼形。无论展开多大范围，本战队的基本队形应该始终保持链式联系，各战队之间的对应位置也可以根据情况机动变化，临时交换，起到相互支援与配合的作用。

三、双球规则的几点改进说明

1.双球赛事的开球，以双方按照各自阵型（如一方为552，另一方为453）在中线本方区域排列就绪后，根据场上主裁判的哨音开始计时比赛。双方分别从各自的球门由守门员开球门球。哨音响后双方队员即可进入对方半场开始比赛。如果一方进球得分后，另一方的开球则可以从中场开球。开球地点，由负责该球的场上裁判根据不干扰另外一球的原则确定。

也可以选择在中圈弧与中线两个交叉处同时开球的方式。

2.双球赛制与单球赛制的转化，包括主动转换和被动转换。主动转换：即当该球被判为场外边线球时，发球一方的队员持有该球后在10秒钟之内没有发球，而是选择将球放置在边线外的脚下位置，举手示意身边负责该球的场内裁判控制该球，该裁判确认后在场外该球处举起三角旗，则视为该球暂时退出比赛8分钟（暂停时间及其暂停方式也可以由赛事组织者具体规定），此时段为单球赛制。发球队员在此时段内可以进场参加比赛。另外一个球则按照单球制的规则继续进行比赛。暂停时间到，该球裁判举起三角旗，则发球方应有一名队员继续发球，赛制恢复双球制。主要区别是：单球赛制有越位规定，双球赛制没有越位规定。每个半场，双方各有一次选择暂停发界外球，进入单球赛制的机会。

3．双球赛制的被动转换：指赛场暂时转化为单球赛制的情况，如当一个赛球在判定为死球后，该裁判认为暂时不具备开球条件，至再发球之间的时间段，另外一个球仍然处于比赛状态。这时段为不定时的被动单球时段，不设越位规则。即此时开球会影响或干扰另一个球的正常比赛状态。该裁判有权暂停开球，在另外一球运动到一定范围之外，再吹哨开球。此时段内相关队员可以选择参加另外一球的比赛。

4．如果两个球在相互干扰的局部区域分别都被判为死球，则按照先停先开、互不干扰的原则，由两个裁判确定，分别先后开球。如果裁判判为死球后，该球裁判发出明确的开球指令，但有球权一方没有任何队员执行（如，球出界外，但有发球权一方的全体球员都去参加另外一球的比赛，而无人顾及本球的开球）时，在裁判认为规定的时间限度（如考虑队员跑动的必要准备时间，并发出明确指令后的30秒）外，该裁判有权判该队犯规，丢失发球权，从而改判另外一队即时发球。此时段亦为不定时的被动单球时段，不设越位规则。

5.由于双球赛事的场上情况复杂多变，所以除严重犯规在结束比赛补充判罚时点球判罚外，其他犯规均为间接任意球，不设直接任意球。即犯规后对方的罚球（包括角球）不可以直接射门，均需要通过至少一脚传递后方可射门。在对方半场，使用截得的对方球进攻时，不可以在地门的小禁区内盘带，以避免干扰对方守门员对地门的防守。使用对方球向对方天门进攻，只能使用吊射脚法或者头球技术，不得使用手和肩以下的部位。

6.由于双球赛场上的比赛基本处于不停顿的状态，场上队员要始终保持战斗状态，即使本战队进球得分了，也不能光顾了庆祝，忘记了另外一个球还在继续战斗中。要根据场上情况的变化及时调整位置与角色。当本战队负责的球成为死球或退出比赛时，该队队员应该及时就地反抢或及时赶赴位置参加另一球的争夺。

7.双球运动的球员要求更加机敏，随时判断自己所参与争抢目标球的颜色、正确的进攻路线和自己的正确位置，避免犯错，贻误战机。

8.双球运动采取不停赛换人制，每个进入大名单的队员，都可以上场比赛。所以每次换人只要有场下队员在等待区域

(一般在场侧边线外双方各设置有3个候补队员座椅，等待上场的队员坐在候场座椅上时，即为等待状态。每次换人不超过3人，每个半场换人数量由赛事组织者确定，如不超过6人或不限制数量)，场上队员可以自动下场，即场上队员走出边线来到候场区，对应数量的候场队员站起来，下场与候场队员相互击掌，对应的候场队员即可进场参加比赛。下场队员离开，新的候场队员继续坐在候场座椅上。

9.换人的基本原则是先下后上，场边裁判负责监督换人，如有违规，以哨音和旗语可以判决暂停换人，并给予违规队员警告、黄牌等处罚。该队员接受处罚后，方可再继续完成换人过程。上场队员应该起到教练员调整战术的作用。如果是紧急情况下的随机换人，上场队员应该明确自己所替代的位置与角色。

10.对于娱乐和健身性双球运动，诸如“场外技术组、终场补充判罚、场外锣鼓指挥、双球转换”等探索性规则均可不用。包括比赛时间、天门与地门的配置与分值等均可以灵活确定。

以上为双球球员技术训练指南，双球运动初级裁判员、新教练员的基础训练可以参照执行。

两支完成综合战阵训练并对规则基本熟悉的球队，可以进行一场完整的双球比赛。

十、军事对抗性双球运动竞赛规则

（试行）

第一章 比赛场地

1.尺寸

比赛场地必须是长方形，边线的长度必须长于球门线的长度。

长度：最短90米（100码）

最长120米（130码）

宽度：最短45米（50码）

最长90米（100码）

2.场地标记

比赛场地是用线来标明的，这些线作为场内各个区域的边界线应包含在各个区域之内。

两条较长的边界线叫边线，两条较短的边界线叫球门线。

所有线的宽度不超过12厘米。

比赛场地被中线划分为两个半场。

在场地中线的中点处做一个中心标记，以距中心标记9.15米为半径画一个圆圈。

3.球门区

球门区在场地的两端，规定如下：

从距每个球门柱内侧5.5米画两条垂直于球门线的线，这些线伸向比赛场地内5.5米，与一条平行于球门线的线相连接。由这些线和球门线组成的区域范围是球门区。

4.罚球区

罚球区在场地的两端，规定如下：

从距每个球门柱内侧16.5米处，画两条垂直球门线的线，这些线伸向比赛场地内16.5米，与一条平行于球门线的线相连接。由这些线和球门线组成的区域范围是罚球区。

在每个罚球区内距球门柱之间等距离的中点11米处设置一个罚球点。在罚球区外，以距每个罚球点9.15米为半径画一段弧。

5.球门

球门分为地门和天门。

地门必须放置在每条球门线的中央。由两根距边线等距离的垂直的柱子和连接其顶部的水平横梁组成。两根柱子之间的距离是7.32米，从横梁的下沿至地面的距离是2.44米。两根球门柱和横梁具有不超过12厘米的相同的宽度与厚度。球门线与球门柱和横梁的宽度是相同的。球门网可以系在球门后面的地上，并要适当撑起以不影响守门员。球门柱和横梁必须是白色的。

天门必须放置在每条球门线与罚球区交汇处。每半场各有两个天门，分别放置在地门的两侧。由半径为1.6米的圆圈和支撑圆圈的两根柱子组成。天门底弧与地门横梁同高。两根柱子分别切于圆圈的外弧中心处，球门与地面垂直，球门后面挂有球门网。球门柱和球门由白黑相间条纹色组成。

第二章 球

1.质量和测量

圆形

用皮革和其他适当的材料制成

重量在比赛开始时不多于450克、不少于410克

2.数量和颜色

两个

一球为红色（深色）、一球为蓝色（浅色）

3.坏球的更换

（1）如果球在比赛过程中破裂和损坏。

停止比赛

用更换的球在原球破漏时所在地点以坠球方式重新开始比赛。

（2）如果球在开球、球门球、任意球、点球和掷界外球等成死球时破裂和损坏，应按照相应的规定重新开始比赛。

（3）在比赛中未经裁判员许可不得更换球。

第三章 队员人数

1.队员

一场比赛应有两队参加，每队上场队员不得多于13名，其中必须有一名守门员。如果任何一队少于8人则比赛不能开始。

2.换人

所有比赛中，换人次数不受限制，在不影响正常比赛进行的情况下，场上队员均可申请换人。当场上队员或教练员示意要换人时，被替换的队员应跑至替补区域与替换队员进行互换。视为一次有效换人。

换人时必须按照先下后上的原则执行。

换人时比赛不停止，但换人后场上队员不能超过13名。

任何场上的队员都可与守门员互换位置，并规定：互换位置前通知裁判员；在比赛停止时互换位置。

第四章　队员装备

1.安全性

队员不得使用或配戴可能危及自己和其他队员的装备或任何物件。

2.基本装备

运动上衣；

短裤——如穿紧身内裤，必须与短裤的主色同一颜色；

护袜；

护腿板；

足球鞋。

3.护腿板

必须由护袜全部包住；

由适当的材料支撑（橡胶、塑料或其他类似材料）；

提供适当程度的保护。

4.守门员

每名守门员的服装颜色必须有别于其他队员、裁判员和助理裁判员。

第五章　裁判员

1.裁判员的权力

每场比赛由两名裁判员控制，他们被任命具有全部权力去执行与比赛有关的竞赛规则。

2.权限和职责

其中一名为主裁判、一名为副裁判，每名裁判分别负责一种颜色的球。权限和职责如下：

执行竞赛规则；

记录比赛时间和比赛成绩；

因违反规则停止、推迟或终止比赛；

因外界干扰停止、推迟或终止比赛；

如果认为队员受伤严重，则停止比赛，并确保将其移出比赛场地；

如果认为队员只受轻伤，则允许比赛继续进行直到成死球；

确保队员因受伤流血时离开比赛场地。该队员经护理流血停止，在得到裁判员信号后可重回场地；

当一个被犯规而根据“有利”条款能获利时，则允许比赛继续进行。如果预期的“有利”在那一时刻没有接着发生，则判罚最初的犯规；

当队员同时出现一种以上的犯规时，则对较严重的犯规进行处罚；

裁判员不必立刻向可以被警告和罚令出场的队员进行处罚，但当比赛成死球时必须这样做；

向对自己行为不负责任的球队官员进行处分，并可酌情将其驱逐出比赛场地及其周围地区；

对于自己未看到的情况，可根据助理裁判员的意见进行判罚；

确保未经批准的人员不得进入比赛场地；

比赛停止后重新开始比赛；

将在赛前、赛中和赛后向队员和球队官员进行的纪律处分，及其他事件的情况用比赛报告提交有关部门。

3.裁判员的决定

裁判员根据与比赛相关的事件所做出的决定是最终的。

只有在比赛未重新开始前，裁判员可以根据自己的判断或助理裁判员的意见而改变确实不正确的决定。

第六章　助理裁判员

1.职责

每场比赛应委派四名助理裁判员，他们的职责由裁判员决定。当出现以下情况时，助理裁判员应当示意：

当球的整体越出比赛场地时；

应由哪一队踢球门球或掷界外球；

当要求替换队员时；

当发生裁判员视线外的不正当行为或任何其他事件时；

无论何时，当犯规发生时助理裁判员比裁判员更接近于犯规地点（特别是这种犯规情况发生在罚球区内）；

当踢点球时，在球被踢之前守门员是否向前移动，球踢出后是否进门。

2.协助

助理裁判员还应依据竞赛规则协助裁判员控制比赛。

助理裁判员如果有过分干预或不合适的表现时，裁判员可解除其职责并将报告提交有关部门。

第七章　比赛时间

1.比赛时间

比赛分为两个半场，每半场40分钟。特殊情况经裁判员和双方同意另定除外。任何改变时间的协议必须在比赛开始之前制定，并要符合竞赛规程。

2.中场休息

队员有中场休息的权力。

中场休息不得超过15分钟。

竞赛规程必须阐明中场休息的时间。

3.扣除损失的时间

在每半场比赛中损失的所有时间应被扣除：

对队员伤势的估计；

将受伤队员移出场地进行治疗；

拖延时间；

任何其他原因。

根据裁判员的判断扣除损失的时间。

4.罚球点球

如果执行罚球点球或重新执行罚球点球，每半场结束时间可延长至罚球点球结束。

5.决胜期

竞赛规程可以规定再进行两个半场相等时间的比赛。

第八章　比赛开始和重新开始

1.预备

通过掷币，猜中的队决定上半场比赛的进攻方向。

另一队选择球色和放置位置。

下半场比赛两队交换比赛场地但球色不变。

2.开球

(1) 开球是比赛开始和重新开始的一种方式：

在比赛开始时；

在进球得分后；

在下半场比赛开始时；

在决胜期两个半场开始时。

开球可以直接射门得分。

(2) 程序。

所有队员在本方半场内；

双方除开球队员外；其他队员应距球至少9.15米，直到比赛进行；

两个球应分别放在中线和中圈的交点处；

主裁判发出信号；

当球被踢并向前移动时比赛即为进行；

开球队员在球未经其他队员触及前不得再次触球。某队进球得分后，由另一队开球。

(3) 违规/判罚。

如果开球队员在其他队员触球前再次触球：

由对方队员在犯规发生地点踢间接任意球。

在开球程序上的其他犯规：

重新开球。

3.坠球

坠球是在比赛进行中因竞赛规则未提到的原因而需要暂停比赛之后，重新开始比赛的一种方法。

(1) 程序。

裁判员在比赛停止时所在的地点坠球；

当球触地比赛即为重新开始。

(2) 违规／判罚。

重新坠球：

如果球在接触地面前被队员触及；

如果球在接触地面前未经队员触及而离开比赛场地。

第九章 比赛进行及死球

1.比赛成死球

下列情况比赛成死球：

当球不论从地面或空中全部越过球门线或边线时；

当比赛已被裁判员停止时。

2.比赛进行

其余所有时间均为比赛进行中，包括：球从球门柱、横梁弹回场内；

球从比赛场地上的裁判员或助理裁判员身上弹回场内。

第十章 计胜方法

1.进球得分

本色球进对方地门得1分，异色球进对方天门得2分。

本色球只能进对方地门，异色球只能进对方天门。否则进球无效，以球出底线处理。

2.获胜的队

在比赛中积分多的队为胜者。如两队积分相等或者均未得分，则比赛为平局。

3.竞赛规程

竞赛规程应说明，若比赛结束为平局，是否采用决胜期或按照其他步骤以决定比赛的胜者。

第十一章　犯规与不正当行为

1.罚球点球

在比赛进行中无论球在什么位置，如果队员在本方罚球区内违反了以下10种犯规的任何一种，应被判罚球点球。

踢或企图踢对方队员；

拌摔或企图拌摔对方队员；

跳向对方队员；

冲撞对方队员；

打或企图打对方队员；

推对方队员；

为了得到对球的控制而抢截对方队员时，于触球前触及对方队员；

拉扯对方队员；

向对方队员吐唾沫；

故意手球（不包括守门员在本方发球区内）。

2.间接任意球

如果守门员在本方罚球区内违反下列4种犯规中的任何一

种，将判给对方踢间接任意球：

用手控制球后在发出球之前持球超过6秒；

在发出球之后未经其他队员触及，再次用手触球；

用手触及同队队员直接掷入的界外球；

拖延时间。

裁判员认为，队员在出现下列情况时，也将判给对方踢间接任意球：

动作具有危险性；

阻挡对方球员；

阻挡对方守门员从其手中发球；

在犯规发生地点踢间接任意球。

第十二章　任意球

1.任意球的种类

双球运动中只有间接任意球。

当裁判员判间接任意球时，应单臂上举过头，并保持这种姿势直到球踢出后被其他队员触及或成死球为止。

球进门：

只有当球进门前触及另一名队员才可得分。

如果间接任意球直接踢入对方球门，判为球门球；

如果间接任意球直接踢入本方球门，判给对方掷界外球。

2.任意球的位置

(1) 在罚球区的任意球

属于守方的任意球：

所有对方队员距球至少9.15米；

所有对方队员应站在罚球区外直到比赛进行；

当球被直接踢出罚球区比赛即为进行；

可以在球门区内任何一点踢球。

属于攻方的任意球：

所有对方队员距球至少9.15米直到比赛进行，除非他们已站在本方球门柱之间的球门线上；

当球被踢并移动时比赛即为进行；

在对方球门区内踢间接任意球时，应在犯规发生地点最近的、与球门线平行的球门区线上执行。

(2) 在罚球区外的任意球

所有对方队员距球至少9.15米直到比赛进行；

当球被踢并移动时比赛即为进行；

在犯规地点踢任意球。

第十三章　掷界外球

掷界外球是重新开始比赛的一种方法，掷界外球不能直接进球得分。

1.判为掷界外球

当球的整体不论从地面或空中越过边线时；

从球越出边线处掷界外球；

判给最后触球队员的对方；

双球中没有角球的判罚，如果球被本方队员踢出本方球门线外，由对方球员在罚球区以外的边线处掷界外球。

2.程序

在掷出球的一瞬间，掷球者应：

面向比赛场地；

任何一只脚的部分站在边线上或站在边线外的地上；

使用双手；

将球从头后经头上掷出；

掷球队员在其他队员触球前不得再次触球；球一进入比赛场地，比赛即为进行。

3.违规／判罚

(1) 由除守门员外的队员掷界外球。

如果比赛进行后，掷球队员在其他队员触球前再次触球(用手除外)：

由对方在犯规发生地点踢间接任意球；

(2) 由守门员掷界外球。

如果比赛进行后，守门员在其他队员触球前再次触球(用手除外)：

由对方在犯规发生地点踢间接任意球；

如果对方队员不正当地阻碍掷球队员或分散其注意力：

将因非体育道德行为被警告并出示黄牌。

第十四章　球门球

球门球是重新开始比赛的一种方法。球门球可以直接射入对方球门而得分。

1.判为球门球

当球的整体不论从地面或空中越过球门线，而最后触球者为攻方队员，且根据规则不是进球得分时。

2.程序

由防守方从球门区内的任何一点踢球；

对方应在罚球区外直至比赛进行；

踢球队员在其他队员触球前不得再次触球；

当球被直接踢出罚球区，比赛即为进行。

3.违规／判罚

(1) 如果球未被直接踢出罚球区进入比赛

应重踢。

(2) 由守门员踢球门球

如果比赛进行后，守门员在其他队员触球前再次触球（用手除外）：

由对方在犯规发生地点踢间接任意球。

如果比赛进行后，守门员在其他队员触球前故意用手触球：

如果犯规发生地点在守门员本方罚球区内，由对方在犯规发生地点踢间接任意球。

参考文献

1.《军球规则》华北军区政治部印

2.《外军院校教育研究》 任海泉 主编，国防大学出版社，2008 年 9 月

3.《抗日根据地军事文化建设研究》 魏延秋著，军事科学出版社，2009 年 2 月

4.《我军军事体育的历史发展及思考》 解放军体育学院院长 张训才，第 22 卷 解放军体育学院学报，第 1 期

5.《足球》 刘海燕 译，(英格兰足球协会 编)，2008 年，辽宁科学技术出版社

6.《延安体育之研究(1935 – 1948)》 党挺，博士学位论文，2009 年 4 月，上海体育学院

7.《回忆延安时期的体育工作》 张国良，体育文化导刊，1983（2）